JESUS

PAUL JOHNSON

JES

UMA BIOGRAFIA DE JESUS CRISTO PARA O SÉCULO XXI

PREFÁCIO **REINALDO JOSÉ LOPES** | TRADUÇÃO **ALEXANDRE MARTINS**

US

EDITORA
NOVA
FRONTEIRA

3ª EDIÇÃO

Título original: *Jesus*

Editora Nova Fronteira Participações S.A.
Avenida Rio Branco, 115 — Salas 1201 a 1205 — Centro
20040-004 — Rio de Janeiro — RJ — Brasil
Tel.: (21) 3882-8200

Dados Internacionais de Catalogação na Publicação (CIP)

J66j Johnson, Paul
Jesus: uma biografia de Jesus Cristo para o século XXI/ Paul Johnson; traduzido por Alexandre Martins; prefácio por Reinaldo José Lopes. - 3. ed. - Rio de Janeiro: Nova Fronteira, 2023

Título original: *Jesus*

ISBN: 978-65-5640-700-5

1. Cristianismo. I. Martins, Alexandre. I I Título.

CDD: 230
CDU: 27

André Queiroz – CRB-4/2242

Conheça outros livros da editora:

Para minha mãe, Anne Johnson,
a primeira a me ensinar sobre Jesus.

Sumário

PREFÁCIO

Uma síntese dos Evangelhos com história e poesia

"Há, porém, muitas outras coisas que Jesus fez. Se fossem escritas uma por uma, creio que o mundo não poderia conter os livros que se escreveriam", diz o epílogo do Evangelho de João, concluindo sua narrativa de um jeito que certamente estimulou a imaginação e a sensibilidade de seus leitores ao longo dos últimos dois mil anos.

Com efeito, pensar nas narrativas sobre a vida de Jesus no Novo Testamento como uma simples tentativa de apresentar sua "biografia completa" em ordem cronológica não é a melhor das abordagens. Talvez seja mais produtivo considerar que os textos de cada um dos evangelistas funcionam como as músicas de um disco, ou os versos de um poema. Vistos em conjunto, eles "rimam", reforçam uns aos outros, iluminam-se mutuamente e produzem contrastes que apresentam o Nazareno de forma mais completa. No caso deles, o todo realmente é maior do que a soma das partes. Uma excelente maneira de entender como isso acontece é ler o livro que está em suas mãos agora.

Em certo sentido, o trabalho realizado pelo historiador Paul Johnson nesta obra segue um modelo quase tão antigo quanto os próprios Evangelhos. Ocorre que, pouco mais de cem anos após a morte de Jesus, cristãos como o teólogo Taciano estavam produzindo as chamadas harmonias dos Evangelhos, tentando reunir o conteúdo narrado por todos os evangelistas numa cronologia única, eliminando possíveis divergências (no caso de Taciano, isso deu origem a um volume conhecido como *Diatessaron*, algo como "feito a partir de quatro obras"). Johnson, porém, junta o que lemos nas narrativas de Mateus, Marcos, Lucas e João a dois elementos importantíssimos, fazendo com que seu trabalho seja mais do que um simples *Diatessaron* do século XXI.

O primeiro desses elementos é seu olhar de historiador, completamente familiarizado com o que a pesquisa histórica atual produziu sobre a Judeia e a Galileia do século I d.C., incluindo aí os aspectos cotidianos daquele mundo, o contexto econômico, social e político em que a Sagrada Família se formou e no qual cresceram os discípulos e adversários de Jesus. Graças a esse olhar, há um feliz casamento — talvez tão feliz quanto o das bodas de Caná — entre o retrato pintado pelos Evangelhos e o contexto histórico mais amplo. Jesus nasceu num mundo profundamente marcado pela presença imperial de Roma, pelas divisões sectárias e de classe entre o povo judeu, e não é possível compreender como ele atuou nesse mundo se esses elementos ficarem de lado.

Talvez mais importante do que esse contexto, no entanto, seja o segundo grande ingrediente acrescentado pelo autor britânico ao seu retrato de Jesus. Johnson tem uma sensibilidade rara para identificar alguns dos temas centrais da personalidade e da pregação de Jesus, que talvez fiquem perdidos em meio à sucessão de parábolas, sermões e confrontos com antagonistas como saduceus e fariseus. É uma forma de oferecer ao leitor uma síntese de quem é o protagonista dos Evangelhos e o que sua mensagem significa para a humanidade da maneira mais pessoal possível: graças ao texto dele, conhecemos a Segunda Pessoa da Santíssima Trindade como pessoa humana (ainda que *não só* como pessoa humana).

Belos exemplos dessa abordagem são o destaque dado à observação da natureza, dos ritmos agrícolas e pastoris do Mediterrâneo de dois mil anos atrás, que parecem ter encantado Jesus desde sua infância em Nazaré e estão presentes em quase toda palavra que sai de sua boca; a proximidade e a preocupação com as crianças, que provavelmente é um divisor de águas na própria cultura ocidental — antes de Jesus, nenhum outro grande pensador parece ter dado tamanha atenção a elas —; o protagonismo das mulheres num mundo em que elas frequentemente eram deixadas de lado, seja como companheiras de jornada dos discípulos, financiadoras da missão evangelizadora de Jesus ou como as testemunhas mais corajosas da Paixão e Ressurreição de seu Mestre.

E, por falar em coragem, é reconfortante observar que, num contexto em que a força da mensagem de Jesus tem sido diluída e até virada do avesso em nome da conveniência política, Johnson não hesita em reafirmar sua radicalidade original. A coragem de Jesus é a de oferecer a outra face, de amar os inimigos, de incluir a todos sob o amplo guarda-chuva da misericórdia de Deus. Que este livro ajude muitos leitores a redescobrir o frescor dessa "beleza tão antiga e tão nova", como dizia santo Agostinho. Boa leitura!

Reinaldo José Lopes
Jornalista, escritor e tradutor

INTRODUÇÃO
Homem e Deus

Jesus de Nazaré foi, em termos de influência, o ser humano mais importante da história. Também é aquele sobre o qual mais se escreveu e o mais discutido. O mais antigo documento preservado relativo a ele, a primeira epístola de são Paulo aos coríntios, circulou (ou seja, foi copiada e difundida) na década de 50 do século I d.C., cerca de vinte anos após sua morte. Na época corriam biografias sobre ele escritas na língua aramaica falada à época, mas desapareceram desde então. Contudo, meio século após sua morte, quatro biografias escritas em grego foram divulgadas, e todas chegaram até nós. No final do século haviam surgido 45 documentos autênticos sobre ele, e que também sobreviveram. Desde então, primeiramente documentos e depois livros inteiros foram publicados em número crescente, em todos os idiomas. Hoje há mais de cem mil biografias impressas de Jesus apenas em inglês, e um número muito maior de monografias. Mais de cem foram lançadas na primeira década do século XXI.

A religião que celebra os ensinamentos, a morte e a Ressurreição de Jesus estava solidamente estabelecida em meia dúzia de países em 50 d.C. Seus seguidores já eram conhecidos como "cristãos", termo alegremente adotado pelos fiéis, embora houvesse sido cunhado em Antioquia, cidade famosa por seus neologismos em gíria. O número de cristãos aumentou desde então, e hoje é de aproximadamente 1,25 bilhão. Embora estagnado ou em declínio em algumas regiões do mundo, o cristianismo cresce na Ásia, na América Latina e especialmente na África. O primeiro local de adoração cristã data de aproximadamente 50 d.C., e o quase um milhão de capelas, igrejas, basílicas, abadias e catedrais de hoje inclui muitos dos maiores, mais marcantes e belos prédios já construídos: de fato, a influência do cristianismo tem sido talvez o principal fator isolado no desenvolvimento da arquitetura nos últimos dois milênios. A imagem de Jesus é o tema preferido em pintura e escultura, e a influência cristã é igualmente predominante em poesia, música e todas as outras artes, com exceção de fotografia, cinema e mídia eletrônica, embora mesmo nessas áreas a imagem de Cristo seja comum. De muitas formas — especialmente no âmbito cultural e moral — a vida de Jesus e a fé que ele criou são os acontecimentos centrais da história da humanidade, em torno dos quais tudo gira, não apenas hoje, mas, prevejo, no futuro.

Até o momento consideramos a influência de Jesus como homem. Mas a razão pela qual ele tem sido tão importante como homem não é meramente sua natureza e personalidade humanas, ou seus atos, mas o fato, no qual todos os cristãos acreditam, como eu acredito, de que ele foi e é também Deus. O acontecimento único de alguém ao mesmo tempo Deus e homem surgir na Terra é a essência do cristianismo. Qual a explicação para esse fenômeno singular? É um mistério, como são tantas das questões fundamentais que encaramos na vida, e só podemos conjecturar. Como fazer com que os humanos mereçam existir ao lado de seu Criador? A resposta é dada em João 3:16: "Pois Deus amou tanto o mundo que entregou o seu Filho único, para que todo o que nele crê não pereça, mas tenha a vida eterna."

Como Deus é onisciente e onipresente, temos de supor que esse esquema de salvação e esta consequência humana final estavam previstos na criação do tempo e do espaço, e que, portanto, Deus era, *ab initio*, trinitário por natureza, monoteísta, mas também três em um: Pai, Filho e Espírito Santo. Por que o processo de salvação começou a operar em 4 a.C. com o nascimento de Jesus, e não antes ou depois? Como Deus existe fora do espaço e do tempo, que são meros instrumentos efêmeros para permitir à humanidade evoluir e ser testada, a pergunta (por mais natural que pareça a mim) é fútil. É igualmente fútil para nós investigar a natureza de Jesus e de Deus e sua preexistência desde o início, já que isso não pode ser sabido, menos ainda o futuro, que continua oculto a nós.

Contudo, o que podemos fazer é escrever sobre o homem Jesus durante sua vida, na qual, nas palavras de são João, ele "habitou entre nós (...) cheio de graça e de verdade" (1:14). Sua vida tem sido contada por escrito mais frequentemente do que a de qualquer outro ser humano, com infinitas variações de detalhes, utilizando enormes recursos de erudição, e com frequência de forma polêmica, para não dizer rancorosa. A erudição, como tudo mais, está sujeita a modas, e para alguns foi moda, no final do século XIX, início do século XX, negar que Jesus tenha existido. Nenhum estudioso sério sustenta essa visão hoje, e é difícil compreender como ela possa ter tido força, pois há evidências abundantes da existência de Jesus. Escritores romanos seculares de épocas muito mais próximas à dele, como Plínio, Tácito e Suetônio, consideravam isso certo, assim como o preciso e consciente historiador judeu Josefo, escrevendo uma geração após a morte de Jesus. Ademais, diferentemente da esmagadora maioria dos personagens famosos da Antiguidade cuja existência nunca foi questionada, Jesus foi tema de quatro biografias, uma escrita por uma testemunha ocular, as outras transcritas de relatos orais de testemunhas, todas levadas a público entre trinta e quarenta anos após sua morte, e todas concordando nos pontos fundamentais. Elas são confirmadas em muitos detalhes por cartas contemporâneas de seguidores de Jesus.

O problema em escrever sobre a vida do homem Jesus não é tanto a carência de fontes, mas sua abundância e a dificuldade de captar, por trás do texto escrito, o pleno significado de ditos e episódios que precisam ser explicados de forma renovada a cada geração. Há ainda o problema de apresentar aos leitores, dois milênios depois, a personalidade de um homem tão extraordinário e diverso, apaixonado, mas reflexivo, direto e sutil, com grande autoridade e até mesmo rígido em certos momentos, mas também infinitamente gentil, compreensivo, compassivo e amoroso, tão deslumbrante em suas excelências que aqueles próximos a ele não hesitaram em aceitar sua divindade. Mas é uma das glórias do cristianismo que autores de todas as épocas acharam possível arriscar seus próprios retratos do homem.

O esboço que se segue, em grandes pinceladas, mas também eventualmente pontilhista, reflete muitos anos de leituras e estudo histórico. Afora referências aos textos do Evangelho, não cito autoridades, embora, caso desafiado, esteja preparado para defender todas as minhas afirmações com documentos. Meus objetivos foram clareza e concisão, e meu desejo é transmitir a alegria e a força que recebo ao seguir os passos de Jesus e refletir sobre suas palavras.

I

Nascimento, infância, juventude

O mundo no qual Jesus nasceu era duro, cruel, violento e instável. Também era materialista e cada vez mais abastado. O grande marco da geopolítica era Roma e suas possessões, em processo de se transformar de uma república em um império. Ocupava todas as costas do Mediterrâneo, do qual um de seus grandes homens, Pompeu, havia expulsado os piratas que o infestavam usando métodos impiedosos de brutalidade, tortura e execuções públicas em grande escala. Em consequência, o comércio se expandia rapidamente e muitas cidades e muitos indivíduos duplicaram sua riqueza na geração anterior ao nascimento de Jesus.

Roma, avançando para o interior a partir do Mediterrâneo, ocupava toda a Itália e a Espanha, além de Grécia e Egito e do que hoje chamamos de Turquia. Entre cinquenta milhões e sessenta milhões de pessoas viviam sob suas leis. Cinquenta anos antes do nascimento de Jesus, Júlio César acrescentara ao território romano toda a Gália (a França moderna), e até fizera duas missões de reconhecimento às ilhas britânicas, embora elas só fossem conquistadas 15 anos após a morte de Jesus. O império em expansão era baseado mais na força dos músculos que na tecnologia, graças a cerca de 15 milhões de escravos, que compunham um terço da população das cidades e cujas vidas foram resumidas por Aristóteles em três palavras: "trabalho, punição, comida." O custo de dois anos de comida comprava um escravo treinado. Embora não fossem cientistas ou técnicos, os romanos eram legisladores e construtores. Suas leis eram uniformes por todo o mundo civilizado e implementadas com horrenda severidade, sendo o instrumento de justiça o crucifixo no qual malfeitores eram pregados e deixados para morrer. Os romanos fizeram estradas soberbas e descobriram as virtudes do cimento, que, quando misturado com rochas vulcânicas, produzia concreto. O Império Romano era feito de concreto: ele permitiu aos romanos criar imensos aquedutos para levar água potável às suas cidades, bem como erguer enormes prédios públicos. Roma não havia produzido uma cultura tão esplêndida quanto a da Grécia. A maioria das estátuas que decoravam suas cidades era cópia de modelos gregos, e ela não ostentava nada tão belo quanto o Partenon de Atenas. Mas o Fórum de Roma já era espetacular em sua grandeza, e o Panteão da cidade, que estava sendo construído quando Jesus era vivo, era revolucionário em seu enorme espaço interno. Roma também tinha uma literatura em ascensão. Seu poeta nacional, Virgílio, morrera 15 anos antes do nascimento de Jesus, e seu maior músico, Horácio, quatro anos antes. Mas Ovídio, o poeta do amor, ainda estava vivo, com 39 anos de idade em 4 a.C. Lívio concluiu sua grande história de Roma quando Jesus era adolescente. Sêneca, dramaturgo e filósofo, nasceu no mesmo ano que Jesus. A grande escultura de mármore conhecida como *Laocoonte e seus filhos*, hoje nos Museus do Vaticano, foi criada em sua infância.

O florescimento cultural da época de Jesus foi possível pela estabilidade imposta pelo herdeiro de César, Otaviano, que se tornou o primeiro imperador romano com o nome de Augusto César, depois da guerra civil. Ele morreu quando Jesus tinha 18 anos, mas sob seu sucessor, Tibério, Roma tinha tanto medo de sua Guarda Pretoriana que o imperador pôde viver na ilha de Capri em meio a prazeres enquanto o comandante da guarda, Sejano, mantinha a paz. Uma calma semelhante prevalecia na época do nascimento de Jesus no que hoje chamamos de Palestina, sob a tirania plutocrática de Herodes, o Grande. Durante mais de trinta anos esse esperto financista, que se tornara o indivíduo mais rico de todo o império, usara sua subserviência aos governantes de Roma (além de presentes principescos) para ser o senhor do antigo reino dos judeus. Foi o maior construtor de sua época, instalando um novo porto em Cesareia, na Samaria, reconstruindo e ampliando o Templo de Jerusalém e criando banhos públicos, aquedutos e o que chamaríamos de centros comerciais em meia dúzia de cidades, além de uma sequência de grandes fortalezas, incluindo a enorme Antônia (em homenagem a Marco Antônio) em Jerusalém, debruçada sobre o Templo e seu próprio palácio enorme. Era um benfeitor dos judeus em escala colossal. Mas não popular entre eles. De nascença, apenas metade judeu, mas inteiramente grego em suas preferências culturais, era considerado herético pelas autoridades religiosas judaicas por patrocinar jogos, teatros e música em estilo grego. Também tinha muitas esposas e concubinas, algumas delas gentias, e gerara muitos filhos. Desconfiado e cruel, matou mais de quarenta esposas, filhos e parentes próximos, frequentemente com peculiar atrocidade, devido a conspirações reais ou imaginárias contra seu governo e sua pessoa. À medida que seu reinado chegava ao fim — o último ano de sua vida foi o ano do nascimento de Jesus —, suas desconfianças aumentaram, e a corte foi tomada por uma atmosfera de paranoia.

Mas o reino de Herodes era próspero, e a Galileia, embora considerada selvagem e primitiva pelos sofisticados judeus urbanos de Jerusalém, não era atrasada economicamente. Os judeus da Galileia comiam bem. Havia abundância de ovelhas, criadas para dar lã e carne. A onipresença de ovelhas e pastores é o cenário da vida de Jesus e fonte de suas imagens mais frequentes. Os grãos, cultivados em grande quantidade, eram baratos e exportados por Cesareia. Pão, "a base da vida", era comido em todas as refeições, e também foi uma fonte constante de referências para Jesus. Havia muitas oliveiras, e uma variedade de azeitonas, pretas, verdes e brancas, fazia parte da dieta diária e era transformada em óleo de cozinha. Existiam muitos vegetais, saladas e especiarias. Bebia-se vinho nas refeições principais.

Os judeus ajudavam uns aos outros, e suas comunidades tinham mecanismos próprios de assistência aos doentes, inválidos e órfãos. Viúvas em necessidade eram ajudadas. Havia judeus pobres que recebiam doações dos irmãos, mas a maioria daqueles identificados nos Evangelhos como "os pobres" ou "pedintes" era de não judeus, pois em todas as regiões da Palestina havia sociedades de raças misturadas, com imigrantes, camponeses sem tribo e nômades compondo uma grande parcela da população. Dar aos "pobres" estava entre os deveres de todo judeu respeitável, e também isso esteve entre as imagens da vida de Jesus.

Nazaré era uma pequena cidade da Galileia em 4 a.C., com muitas pequenas oficinas e artesãos. Um deles era José, um carpinteiro que acreditava descender do rei Davi e podia recitar sua ascendência. Provavelmente era alfabetizado (em aramaico, o idioma vernáculo, e no sagrado hebraico), como a maioria dos judeus. Tomara como futura noiva uma adolescente, com aproximadamente 16 anos de idade, chamada Maria, também da casa de Davi e muito provavelmente sua parente. Ela vivia atrás ou acima da oficina, mas ainda era virgem. O casamento de ambos aconteceria no ano seguinte. Ela vinha de uma família respeitável, sabia ler e escrever, cozinhar, tecer e costurar, e se preparava para ser a esposa diligente de um comerciante próspero. Tinha ótima memória e anos mais tarde seria a principal fonte de são Lucas, o médico de idioma grego cujo Evangelho trata mais profundamente do nascimento e da infância de Jesus.

Todos os judeus bem-criados liam as Escrituras, especialmente a Torá, que era o registro histórico nacional, guia espiritual e livro de orações. Maria estava ocupada com isso quando o anjo Gabriel apareceu e, segundo Lucas (1:28-38), disse a ela: "Alegra-te, cheia de graça, o Senhor está contigo." A saudação impressionante a intrigou e perturbou. Mas Gabriel disse: "Não temas, Maria! Encontraste graça junto de Deus. Eis que conceberás no teu seio e darás à luz um filho, e o chamarás com o nome de Jesus." O anjo continuou: "Ele será grande, será chamado Filho do Altíssimo, e o Senhor Deus lhe dará o trono de Davi, seu pai; ele reinará na casa de Jacó para sempre, e o seu reinado não terá fim."

Podemos estar certos de que Maria se lembrava dessas palavras exatamente. Também de sua primeira pergunta ansiosa: "Como é que vai ser isso, se eu não conheço homem algum?" — e da resposta direta do anjo: "O Espírito Santo virá sobre ti e o poder do Altíssimo vai te cobrir com a sua sombra; por isso o Santo que nascer será chamado Filho de Deus."

O anjo acrescentou uma observação pessoal a essas palavras dramáticas. Informou a Maria que sua prima Isabel, de idade avançada, também concebera um filho, e estava então com seis meses de gravidez. Foi essa impressionante notícia familiar que finalmente transmitiu a Maria a verdade da mensagem do anjo. Ela então se submeteu ao destino em palavras memoráveis que refletiam sua orgulhosa humildade: "Eu sou a serva do Senhor; faça-se em mim segundo tua palavra."

Não há cena mais tocante em toda a história que a revelação por Gabriel, à Virgem trêmula, de que ela está grávida, e sua corajosa aceitação do fato como uma honra: não espanta que tantos dos maiores artistas ocidentais tenham se esforçado para dar vida ao episódio como "a Anunciação". Para uma adolescente, Maria foi notavelmente vigorosa e decidida.

Ela queria confirmar a notícia da situação de sua prima Isabel, então imediatamente embarcou sozinha em uma longa viagem até o interior montanhoso de Judá, onde Isabel vivia com o marido Zacarias, um sacerdote que era funcionário em meio expediente do Templo de Jerusalém.

A segunda cena notável na história de Jesus se deu quando Maria lá chegou, como registrado por Lucas. Ao ver Maria, Isabel sentiu seu filho, o futuro são João Batista, se mexer no ventre e o Espírito Santo confidenciar a ela, imediatamente, que também Maria estava grávida e levava dentro de si o Filho de Deus. "Com um grande grito, exclamou: 'Bendita és tu entre as mulheres e bendito o fruto de teu ventre! Donde me vem que a mãe do meu Senhor me visite?'" (Lc 1:41-43)

A resposta de Maria à saudação é uma das passagens mais comoventes do Novo Testamento. Ela retrucou em palavras que facilmente se transformam em versos, forma na qual tomei a liberdade de transcrevê-las, e que com frequência foram musicadas (Lc 1:46-53):

Minha alma engrandece o Senhor,
e meu espírito exulta em Deus, em meu Salvador,
porque olhou para a humilhação de sua serva.
Sim! Doravante as gerações todas
me chamarão de bem-aventurada,
pois o Todo-Poderoso fez grandes coisas
em meu favor.
Seu nome é santo
e sua misericórdia perdura de geração em geração,
para aqueles que o temem.
Agiu com a força de seu braço,
dispersou os homens de coração orgulhoso.
Depôs poderosos de seus tronos,
e a humildes exaltou.

Cumulou de bens a famintos
e despediu ricos de mãos vazias.

Esse grande hino de exaltação, justamente conhecido como *Magnificat*, eleva os espíritos dos pobres e humildes e prefigura um dos temas centrais do ministério de Jesus. Na história do Evangelho há não apenas verdade, mas seu fruto, a beleza, e lá estava Maria, ainda levando Jesus em seu ventre, criando uma poesia de grande força.

Lucas diz que Maria passou três meses com Isabel. Depois retornou a Jerusalém e revelou sua condição a José. Segundo o Evangelho de são Mateus (1:19-25), que em muitos sentidos é o mais detalhado e baseado em fontes aramaicas, seu noivo, que a tratara como virgem, ficou chocado com a notícia. "Sendo justo, e não querendo denunciá-la publicamente, resolveu repudiá-la em segredo. Enquanto assim decidia, eis que o Anjo do Senhor manifestou-se a ele em sonho, dizendo: (...) 'não temas receber Maria, tua mulher, pois o que nela foi gerado vem do Espírito Santo. Ela dará à luz um filho e tu o chamarás com o nome de Jesus, pois ele salvará o seu povo dos seus pecados'." Mateus diz que José agiu conforme o anjo ordenara "e recebeu em casa sua mulher". Mateus afirma que José não a conheceu até Jesus nascer. De fato, as mais antigas tradições insistem em que Maria permaneceu virgem por toda a vida, embora José tenha dado a ela e a seu filho todo o amor e os cuidados de um marido devoto.

O episódio seguinte se passou quatro ou cinco meses depois, quando um decreto do imperador Augusto de um censo necessário para impostos foi aplicado a todos os súditos de Herodes por Cirênio, o governador da Síria. Eles receberam a ordem de se registrar em suas cidades natais. Como tanto José quanto Maria eram da casa de Davi, eles foram (com Maria "grávida", como observado em Lucas 2:5) a Jerusalém, a cidade que Davi acrescentara ao reino judaico por conquista, e particularmente a Belém, uma pequena cidade de uma só rua a menos de dez quilômetros de distância, intimamente ligada ao nome de Davi. Maria era uma adolescente resistente. Era sua terceira viagem na gravidez. Em Belém "completaram-se os dias para o parto, e ela deu à luz seu filho primogênito, envolveu-o com faixas e reclinou-o numa manjedoura, porque não havia um lugar para eles na sala" (Lc 2:6-7). Cerca de um século mais tarde, Justino Mártir, que vinha de aproximadamente 65 quilômetros dali e seguia a tradição local, disse que a manjedoura estava em uma caverna; isso não é improvável, já que há muitas na cordilheira de calcário onde fica Belém.

Não há menção a médico ou parteira, e José parece ter sido o único a acompanhar Maria. Mas ela não precisava de ajuda. Cuidou de si mesma, e seu bebê era saudável, como continuou sendo a vida inteira. Mas houve visitantes (Lc 2:8-20; Mt 2:1-12). Segundo Lucas, pastores locais, "que durante as vigílias da noite montavam guarda a seu rebanho", se assustaram com uma luz que os envolveu e que identificaram como uma visão angelical — "e ficaram tomados de grande temor". Mas o anjo lhes disse: "Não temais! Eis que vos anuncio uma grande alegria (...) Nasceu-vos hoje um Salvador, que é o Cristo Senhor (...) encontrareis um recém-nascido envolto em faixas deitado numa manjedoura." De repente juntou-se ao anjo um coro celestial cantando: "Glória a Deus no mais alto dos céus, e paz na terra aos homens que ele ama!" Os pastores decidiram ir a Belém e encontraram Jesus, Maria e José exatamente onde o anjo dissera, em um estábulo. Eles contaram ao povo "tudo o que tinham visto e ouvido". Também contaram sobre a luz, o anjo e o coro a Maria, que "conservava cuidadosamente esses acontecimentos e os meditava em seu coração".

O que Lucas não descreveu, mas Mateus sim, foram os visitantes seguintes, "magos do Oriente". Eles levavam presentes: ouro, incenso e mirra, "tesouros", como Mateus os chamou, adequados a um rei. Pois os magos eram astrólogos, acostumados a estudar os céus e fazer prognósticos a partir das mudanças nas configurações das estrelas. Em função da posição de uma estrela específica, acreditavam que havia nascido o rei dos judeus. Foram a Jerusalém e se apresentaram à corte de Herodes, pedindo que lhes fosse indicado o caminho. Herodes, "convocando todos os chefes dos sacerdotes e os escribas do povo", pediu que apontassem nas Escrituras onde o rei, o Salvador ou o Cristo, como profetizado, iria nascer. Eles responderam: Belém. Herodes recebeu os magos "secretamente" e os mandou a Belém: "Ide e procurai obter informações exatas a respeito do menino e, ao encontrá-lo, avisai-me, para que também eu vá homenageá-lo."

Os magos e sua história sobre o bebê recém-nascido que seria o rei dos judeus despertaram as paranoias de Herodes. Mateus diz que, "avisados em sonho que não voltassem a Herodes, regressaram por outro caminho para a sua região". Também José foi alertado em sonho de que ele, Maria e a criança corriam risco com Herodes. Ele ouviu: "Levanta-te, toma o menino e sua mãe e foge para o Egito. Fica lá até que eu te avise, porque Herodes procurará o menino para o matar." José fez o que lhe fora ordenado. A "fuga para o Egito" se tornou outro daqueles episódios memoráveis que inspiraram artistas de todas as épocas — é tema da melhor obra de Caravaggio, hoje na galeria Doria Pamphilj de Roma. O pequeno grupo é apresentado repousando. José segura uma partitura para que um jovem anjo cante uma canção de ninar enquanto Maria e o bebê dormem.

O pânico de Herodes de que o rei menino roube o reino leva ao maior de seus crimes em uma longa vida de malfeitorias. Ele enviou assassinos armados "e mandou matar, em Belém e em todo seu território, todos os meninos de dois anos para baixo" (Mt 2:16). Foi seu último ato. Semanas depois estava morto. Seus territórios foram divididos, e seu filho Arquelau herdou a Judeia. José soube disso e retornou com a família. Mas tomou o cuidado de evitar a Judeia, por medo de que Arquelau houvesse herdado a natureza desconfiada do pai, retornando a Nazaré, na Galileia, por uma rota alternativa, por Gaza e Samaria.

A história do nascimento de Jesus e das visitas dos pastores e dos magos é o lado idílico da Natividade, dando à infância de Jesus um delicioso tom fantástico que hipnotizou a todos por dois mil anos. Mas o massacre dos inocentes, como ficou conhecido, nos faz recordar a faceta mais sombria da vida em uma província obscura do império no século I d.C.: a atroz e desenfreada crueldade do poder, a ausência prática de qualquer primado da lei para conter os poderosos e o desprezo pela vida humana, mesmo a mais nova, demonstrado pelos grandes. Essa era a natureza da maldade humana que Jesus nascera para redimir, contra a qual falou e que finalmente o subjugou. O massacre dos inocentes é um aperitivo do Calvário.

Alguns poucos puderam ver esse futuro, como registrado em Lucas (1:13-23, 59-65). Ele escreve que o marido de Isabel, Zacarias, ficou cético quando o anjo Gabriel disse que sua esposa idosa estava grávida do futuro João Batista, e como punição ficou surdo-mudo. Mas, quando a criança nasceu e foi levada para a circuncisão, Isabel se recusou a dar a ele o nome do pai, insistindo em que fosse chamado João. Seus vizinhos e primos protestaram: "'Em tua parentela não há ninguém que tenha este nome!' Por meio de sinais, perguntavam ao pai como queria que se chamasse." Para espanto de todos, Zacarias, "pedindo uma tabuinha, escreveu: 'Seu nome é João', e todos ficaram admirados". Ainda mais impressionante, "a boca imediatamente se lhe abriu, a língua desatou-se e falava, bendizendo a Deus". Mas, como em tantos incidentes na história de Jesus, esse episódio feliz é obscurecido pelo mundo ameaçador que o cercava. A notícia do nascimento marcante deve ter se espalhado e chegado aos ouvidos sempre desconfiados de Herodes. Uma antiga tradição, difundida pelos primeiros padres da Igreja como Orígenes, diz que Herodes matou Zacarias "entre o templo e o altar". Assim, ele é venerado como um mártir precoce.

Havia outro antigo sacerdote que servia no Templo, chamado Simeão. Lucas diz que ele era "justo e piedoso" e acreditava firmemente no advento do Messias. De fato, ele tivera a revelação de que "não veria a morte antes de ver o Cristo do Senhor" (2:25-26). Quando Maria e José foram ao Templo para a purificação ritual de Maria após o parto e para a circuncisão de Jesus — de acordo com a lei judaica —, o ancião estava presente, tomou a criança nos braços, bendisse a Deus e falou, usando palavras poéticas que ecoaram por gerações (2:29-32):

Agora, Soberano Senhor, podes despedir
em paz o teu servo, segundo a tua palavra;
porque meus olhos viram a tua salvação,
que preparaste em face de todos os povos,
luz para iluminar as nações,
e glória de teu povo, Israel.

Mas, continua Lucas (2:34-40), voltando-se para Maria, o ancião também disse, dando a nota sombria que se alterna com o tom festivo daqueles primeiros episódios da vida de Jesus: "Eis que este menino foi posto para a queda e para o soerguimento de muitos em Israel (...) — e a ti, uma espada traspassará tua alma! — para que se revelem os pensamentos íntimos de muitos corações." A ele se juntou Ana, de idade muito avançada, descrita por Lucas como uma "profetisa" que "ficou viúva e chegou aos 84 anos", "servindo a Deus dia e noite com jejuns e orações". Também ela reconheceu a criança como o Redentor. As previsões e os alertas de Ana e Simeão se juntaram às outras palavras que Maria levava no coração. Ela não deixou de notar que, ampliando as profecias, seu filho seria "uma luz para as nações" — de fato, de toda a raça humana — e não apenas dos judeus, e que seus sacrifícios a feririam como uma espada. Enquanto "o menino crescia, tornava-se robusto, enchia-se de sabedoria", ela deve ter passado muitas horas ansiosas refletindo sobre seu destino e a dor atroz, bem como a alegria, que isso lhe causaria.

Ela contou a Lucas um episódio chocante (2:42-51) que reafirmava as esperanças que tinha nele, mas confundiam sua compreensão. Ela, José e a criança formavam um trio unido, devidamente chamado de "Sagrada Família" na devoção cristã. Havia muita fé em sua casa em Nazaré, muitas orações, e as festividades e práticas judaicas eram seguidas minuciosamente. Todos os anos, na festa do *Pessach*, eles iam a Jerusalém para oferecer um sacrifício no Templo. Isso confirma o sucesso de José em seu ofício e a riqueza comparativa na qual viviam, pois a viagem longa e cara significava afastar José do trabalho por muitas semanas. Nessa peregrinação anual eles encontravam muitos "parentes e conhecidos". Quando Jesus estava com 12 anos, eles o consideraram crescido o bastante para ficar sozinho, explorando. O Templo, reconstruído por Herodes em escala gigantesca, era um enorme labirinto de pátios, salas e corredores, e a própria Jerusalém era uma grande cidade de palácios e fortes, e um amontoado de casas. Quando chegou o momento de partir, "Jesus ficou em Jerusalém, sem que seus pais o notassem". Eles imaginaram que estivesse com amigos no comboio de mulas e burros e "andaram o caminho de um dia" antes de, subitamente assustados, se darem conta de que o filho havia ficado para trás na cidade sagrada e corrupta.

Lucas registra que após três dias de buscas frenéticas "eles o encontraram no Templo, sentado entre os doutores, ouvindo-os e interrogando-os, e todos que o ouviam ficavam extasiados com sua inteligência e com suas respostas". Assim fala o orgulho de uma mãe amantíssima, sem dúvida, mas o diálogo seguinte que ela recorda é bastante diferente e inesperado. Ela censura Jesus por sua negligência: "Meu filho, por que agiste assim conosco? Olha que teu pai e eu, aflitos, te procurávamos." Ele responde: "Não sabíeis que devo estar na casa de meu pai?" Lucas acrescenta: "Eles, porém, não compreenderam a palavra que ele lhes dissera." É chocante que essas primeiras palavras registradas de Jesus sejam um resumo de toda sua vida e sua missão: ele deve estar na casa de Deus. E embora Maria, por gentileza, se refira a José como pai de Jesus, o filho já sabe e acredita que seu Pai é Deus, e o diz, sem qualquer tentativa de disfarce.

Maria, acrescenta Lucas, "conservava a lembrança de todos esses fatos em seu coração". Mas é a essa altura que as histórias que ela conta da concepção, do nascimento e da infância de Jesus se encerram ab-ruptamente. Jesus retornou a Nazaré com Maria e José "e era-lhes submisso". Lucas então pula os 18 anos seguintes da vida de Jesus e se volta para seu batismo por são João. Os outros evangelistas permanecem igualmente em silêncio. É um fato sombrio e desagradável que por mais de metade da vida de Jesus não saibamos absolutamente nada do que ele fez, onde esteve e como viveu.

Podemos estar certos de que foi bem educado. Virtualmente todas as crianças judias inteligentes eram, se as circunstâncias permitiam, e Jesus vinha de uma casa com recursos. Sabemos que era capaz de ler, pois seu conhecimento profundo e, principalmente, cético das Escrituras é prova do estudo constante dos textos desde tenra idade. Aos 12 anos ele era perfeitamente capaz de participar de uma discussão culta sobre o significado delas. Também sabemos que podia escrever, embora isso só seja registrado uma única vez. Foi na oportunidade em que impediu judeus puritanos mas hipócritas de apedrejar até a morte uma mulher flagrada em adultério escrevendo seus próprios pecados no pó. O fato de que conseguiu esse feito difícil e que sua escrita foi instantaneamente lida e compreendida mostra que tinha uma caligrafia atipicamente clara e legível, quase a de um escriba profissional, poder-se-ia pensar. Mas nenhum escrito de Jesus foi preservado, nem sabemos o que ele leu além das Escrituras.

O que sabemos, pelos registros de suas falas, é que era um homem civilizado, culto e educado, que escolhia suas palavras com grande cuidado e precisão, com delicadeza, acurácia e tato — indícios de que lia muito literatura secular e religiosa. Minha crença é que ele era familiarizado com latim e grego, além de seu aramaico natal e do hebraico que falava e lia como um judeu devoto educado. Sua composição habitualmente poética das frases, embora natural para ele (bem como para sua mãe), também foi, suspeito, adquirida pela leitura constante de poesia, grande parte da qual sabia de cor. Essa poesia, creio, incluía não apenas textos hebraicos, como o livro de Jó, cheio de poesia, e canções religiosas que chamamos de Salmos, mas o tesouro de poetas gregos que na época circulava pelo império. Acredito que Jesus tenha recitado passagens de Homero e Eurípides, possivelmente também de Virgílio. Mas essa é apenas uma suposição por dedução.

Temos de assumir que Jesus aprendia por conta própria em muitos pontos. Suas palavras e seus conceitos não trazem qualquer sinal de deformação acadêmica ou a marca de um sistema. Ele rejeitava isso, assim como odiava o legalismo e o ensinamento moral. Tinha uma imaginação não conspurcada pela sala de aula ou o salão de conferências. Autodidata, ele nunca teria ido a tais lugares, sendo assim rejeitado por seus críticos como não educado. João relata que os judeus do Templo, impressionados com seus ensinamentos ali, o aviltaram, dizendo: "Como entende ele de letras sem ter estudado?" (7:15) Só podemos especular sobre onde o jovem Jesus encontrou os livros para estudar. Mas material escrito de todo tipo não era raro no mundo judeu, mesmo em uma cidade do interior como Nazaré.

Não há dúvida que Jesus era um homem de grande conhecimento, especialmente sobre comércio e agricultura. Isso fica claro por suas referências confiantes e especializadas a essas questões práticas em seus ditos e parábolas. Jesus tinha uma enorme variedade deles, um dos motivos pelos quais tantos adoravam escutá-lo, pois, com frequência, conseguiam se identificar nas histórias contadas por ele. Mas suspeito que seu conhecimento refletia experiência real. A morte de José, que se deu nos anos não registrados, levou ao colapso do lar de Nazaré; Maria foi viver com alguém de sua numerosa família ou seu clã, que incluía uma irmã e filhos crescidos, algumas vezes identificados como os irmãos de Jesus.

Nesse momento teria sido natural Jesus, que evidentemente escolhera não manter a oficina de carpintaria de José, sair de casa e viver experiências no mundo maior, de modo a poder, no devido momento, cuidar da "casa do pai" mais eficientemente. Não há como saber o que ele fez. Foi sugerido que ele se tornou um essênio. Mas seus ensinamentos e seu comportamento são tão distintos do que sabemos dessa seita dos Manuscritos do Mar Morto que isso pode ser descartado. Nem é provável que pertencesse a qualquer outra seita religiosa, e muitas havia. Fanatismo de qualquer tipo lhe era estranho. Não tinha nenhum dos estigmas psicológicos do clérigo, monge ou eremita profissional, sendo moderado, não apreciando religiosidade e obediência estrita, convivendo fácil e prazerosamente com homens e mulheres de todas as posições e todos os temperamentos e evitando a solidão, exceto para a oração. Era um espírito sociável e gregário, sempre buscando companheiros e novas amizades.

Tudo isso indica ampla experiência em vários ofícios. Acredito que Jesus pode ter intencionalmente passado de um trabalho para outro, de modo a adquirir conhecimento não apenas do trabalho, mas de homens e mulheres diversos. Esse é um dos motivos pelos quais postergou o início de sua missão até os trinta anos de idade. Certamente teria se envolvido com agricultura, sobre o que sabia muito. Acredito que foi pastor por algum tempo. As ovelhas e sua criação são tão presentes em sua pregação, e a natureza do Bom Pastor é tão fundamental em seus ensinamentos que acho que esse ofício teve um papel especial não apenas em sua experiência, mas em seu afeto. Aqueles homens calejados que se reuniram ao redor de seu berço no nascimento aparentemente fizeram dele um pastor honorário para toda a vida. Sua experiência como pastor também ajudaria a explicar seu amor por lugares altos em momentos importantes da vida e seu hábito de alternar sua sociabilidade geral com períodos de solidão para rezar.

Portanto, isso é o que sabemos sobre o nascimento e a infância de Jesus, e o que podemos razoavelmente especular sobre sua vida dos 12 aos trinta anos. Nesse ponto ele iniciou seu ministério e começou a brilhar plenamente nos registros evangélicos.

II

Batismo, tentação e os apóstolos

A terra na qual Jesus iniciou seu ministério era próspera, porém inconstante e nada tranquila, repleta de boatos de futuros acontecimentos miraculosos, passível de reuniões súbitas de massas populares prestes a explodir, difíceis de governar. Tanto os governantes romanos quanto os reis marionetes e os altos sacerdotes aos quais delegavam algum poder colocavam a paz acima de qualquer outro objetivo público. Eram particularmente preocupados com incendiários espirituais na tradição judaica dos profetas. Havia provavelmente três milhões de judeus, mais de um milhão apenas na Galileia, e cerca de 10% dos habitantes do Império Romano eram de alguma forma afetados pelos ensinamentos judaicos. O monoteísmo judeu, com suas certezas doutrinárias e ensinamentos morais detalhados, era popular entre pessoas sérias e civilizadas por toda parte. O problema do judaísmo era ser muito antigo, com mais de mil anos de idade, e sua lei, embora talvez bem-adaptada às necessidades de um povo primitivo do deserto, com frequência era sem sentido para uma comunidade sofisticada, cada vez mais urbana e comercial no século I d.C. — e um enorme fardo diário. Nunca havia sido reformada em seus fundamentos e era administrada e vigiada por sacerdotes e escribas que formavam elites fechadas, cujos postos eram com frequência hereditários e que resistiam fanaticamente a mudanças. Também eram perfeitamente capazes de alianças cínicas com as autoridades romanas para impedir que reformistas erguessem as massas.

Assim, na época de Jesus o judaísmo estava maduro para uma reforma como o cristianismo no começo do século XVI. A questão era: ele deveria assumir uma forma violenta e secular para recriar o reino judaico como existira com Davi e os macabeus? Era o que defendiam algumas das seitas judaicas fundamentalistas, como os essênios e os zelotes. Eles acabariam prevalecendo na opinião pública judaica uma geração após a morte de Jesus, levando à Grande Revolta e à destruição de Jerusalém. A alternativa era uma revolução espiritual, a substituição da lei de Moisés não reformada por um Novo Testamento baseado no amor e no convívio, que pudesse ser abraçado por todas as classes e todos os povos.

Essa era a ideia que atraía João, primo de Jesus, filho de Isabel. Ele recebera uma visão quando jovem e sabia que tinha uma tarefa especial a cumprir. De modo a se preparar para isso, viveu muitos anos no deserto e a ele se adaptou. Ele "se vestia de pelos de camelo e se alimentava de gafanhotos e mel silvestre" (Mc 1:6). Todos os quatro evangelistas sabiam muito sobre João, reconheceram sua importância na vida de Jesus e assim dedicaram espaço para sua missão. É provável que tivessem uma fonte comum instruída pelo próprio João ou um de seus discípulos mais próximos (Mc 1:2ss; Mt 3:1-15; Lc 3:2-22; Jo 1:6-24). João era fundamentalmente um homem humilde. Sabia que não era o Cristo que os profetas haviam previsto que surgiria como salvador e redentor. Repetiu muitas vezes as palavras de Isaías: "Sou a voz do que clama no deserto. Endireitai o caminho do Senhor." Ele sabia que o Cristo estava vindo: "Aquele que vem depois de mim, do qual não sou digno de desatar a correia da sandália."

João pregava que, de modo a se preparar para o Cristo e a Nova Ordem, todos deviam ir a ele às margens do rio Jordão e imergir nele. Esse ato de batismo, como o chamava, era necessário para lavar os pecados e os hábitos do passado, assim produzindo um novo homem. Mas ele reconhecia que sua ação era mais simbólica que real, e que era necessário o poder divino do próprio Cristo para produzir a transformação interior. João sempre insistiu nisso e não reivindicou qualquer milagre para si. Ainda assim, atraiu enormes multidões e a atenção das autoridades. Segundo o Evangelho de João (1:19-27), "enviaram de Jerusalém sacerdotes e levitas para o interrogar: 'Quem és tu?' Ele confessou e não negou; confessou: 'Eu não sou o Cristo.' (...) 'Eu batizo com água. No meio de vós está alguém que não conheceis.'" Então oferece sua imagem da humildade — "do qual não sou digno de desatar a correia da sandália".

A semelhança entre as várias descrições evangélicas e a repetição das palavras do Batista deixam claro que estamos lidando com relatos de testemunhas, provavelmente mais de uma. O Evangelho de João avança, de forma ainda mais dramática: "No dia seguinte, ele vê Jesus aproximar-se dele e diz: 'Eis o Cordeiro de Deus, que tira o pecado do mundo.'" (1:29) Segundo o relato que a testemunha fez a Mateus (3:14-17), João disse a Jesus: "'Eu é que tenho necessidade de ser batizado por ti e tu vens a mim?' Jesus, porém, respondeu-lhe: 'Deixa estar por enquanto, pois assim nos convém cumprir toda a justiça.'" João então batizou Jesus, e, quando ele saiu da água, "logo os céus se abriram e ele viu o Espírito de Deus descendo como uma pomba e vindo sobre ele. Ao mesmo tempo, uma voz vinda dos céus dizia: 'Este é meu Filho amado, em quem me comprazo.'". Segundo Lucas, uma testemunha relatou: "E o Espírito Santo desceu sobre ele em forma corporal, como pomba." (3:22) Fosse a pomba real ou figurativa, todos os quatro relatos concordam na essência que o batismo de Jesus foi um acontecimento extraordinário, no qual a presença de Deus foi visual e audível, testemunhada por grandes multidões de homens e mulheres.

Poder-se-ia perguntar: por que Jesus precisava de batismo? Não era o Filho de Deus já preparado, em todos os sentidos, para sua missão? Essa era claramente a visão de João Batista. Mas Jesus foi inflexível sobre precisar passar pela cerimônia de renovação. Estava insistindo na universalidade do sacramento — a necessidade de que todos os humanos eliminassem as manchas do passado e se tornassem restaurados, novos e limpos. Era o começo prático e também simbólico de sua missão do Novo Testamento, que culminaria na instituição por ele da Comunhão em pão e vinho — seus próprios corpo e sangue — na Última Ceia, imediatamente antes de seu sacrifício físico na Crucificação.

O batismo de Jesus também foi o ápice da missão de João. O terceiro capítulo de Lucas nos dá os detalhes da pregação por João do "batismo de arrependimento para a remissão dos pecados". Foi duro e raivoso em conteúdo, prefigurando os alertas de Jesus da forma mais feroz. Quando reconheceu fariseus e saduceus entre aqueles que buscavam o batismo, gritou: "Raça de víboras! Quem vos ensinou a fugir da ira que está para vir?" (Mt 3:7) Insistiu em que o Cristo, quando chegasse, "limpará sua eira e recolherá seu trigo no celeiro; mas, quanto à palha, a queimará num fogo inextinguível" (Mt 3:12). Foi um discurso perigoso e claramente relatado às altas autoridades religiosas. Isso abriu caminho para sua prisão por Herodes Antipas, o governante fantoche dos romanos na Galileia, que já havia ficado furioso com a crítica de João a seu casamento incestuoso com Herodíades, esposa de seu irmão. Ela não era neta de Herodes, o Grande, à toa. Assim que João foi colocado na masmorra do marido, ela incitou sua filha Salomé a dançar de forma lasciva em uma festa. Antipas ficou tão fascinado que prometeu a ela, como recompensa, tudo que estivesse ao seu alcance. Orientada pela mãe, Salomé exigiu a cabeça de João Batista, e o padrasto, embora relutante, concordou. O terrível acontecimento encheu de horror e medo muitos judeus devotos que haviam escutado João pregar. Para Jesus foi outro lembrete, como o massacre dos inocentes e o assassinato de Zacarias, do perigo de sua missão; deixou clara a desabrida brutalidade do mundo secular, cujos agentes estavam sempre prontos para a qualquer momento destruir aqueles dispostos a fazer o trabalho de Deus, e mesmo aqueles que se envolviam com ele por acaso. Outro prelúdio de alerta à morte na cruz.

Imediatamente após Jesus ter sido batizado, como parte da preparação para seu ministério, ele partiu para o deserto. Os sinópticos mencionam o episódio, dizendo que partiu por determinação do Espírito Santo (Mc 1:12-13; Mt 4:1-11; Lc 4:1-12). O relato de Marcos é superficial, mas tanto Mateus quanto Lucas descrevem a experiência detalhadamente. Ele seguiu para o deserto — o interior selvagem a leste do Jordão — basicamente para rezar. Jesus era um homem sociável, como repetidamente nos mostram os relatos dos Evangelhos. Mas também um homem de preces. Quando sociável, era enfaticamente humano. Mas ao rezar falava diretamente a Deus, seu pai, e necessariamente era ele mesmo divino. Assim, sempre preferia estar só. Não rezava de pé, como os judeus eram acostumados a fazer. Ele se ajoelhava, como um símbolo da submissão à vontade do pai. Para ele, a prece significava separação de seus companheiros humanos, uma ascensão à divindade e, como tal, simbolizada pela altura. Ao rezar, preferia estar em uma colina ou montanha — como esteve na sua Transfiguração (como veremos), no Monte das Oliveiras em Getsêmani antes de sua paixão, e na alta montanha onde fez suas últimas preces na terra antes de subir aos céus.

Então, rezando no deserto, Jesus buscou altura para ter solidão. Jejuou por quarenta dias. Ignoramos a severidade de sua abstenção de comida e água. Mas Mateus e Lucas insistem em que estava fraco e faminto. Então, quando seu corpo estava enfraquecido, surgiu a tentação, não apenas em sua mente, mas na forma física de Satanás. Não foi a única oportunidade em que Jesus admitiu ter sido tentado. Ele também o foi em Getsêmani. Quando chocado com a enormidade do sofrimento imediatamente diante de si, ele rezou a seu Pai para ser elevado, depois se submeteu. Contudo, no deserto a luta não estava em sua mente, mas em campo aberto, com Satanás visível, falante e com poder formidável. O fato de que Jesus depois contou os detalhes a seus seguidores mostra como estava ansioso para ensinar a eles que o mal não era apenas objetivo e material, mas também subjetivo e pessoal; que Satanás existe e tem de ser superado por força de vontade e uma clara distinção entre bem e mal. Ele transformou sua tentação pessoal em uma experiência universal.

Para o próprio Jesus a tentação era usar seus poderes divinos para propósitos materiais terrenos: primeiramente, transformar pedras em pão; depois, preservar sua vida de perigos mortais; finalmente, possuir o mundo. A terceira tentação (e aqui acompanho o relato de Mateus) era a mais séria, por causa de seu alcance universal: ela se aplicava não apenas a ele mesmo, dotado de poderes divinos, mas também à humanidade que, graças a grande inteligência e esforço, podia adquirir enormes poderes que — pelo menos superficialmente — pareciam divinos. Jesus contou à fonte apostólica de Mateus que nessa terceira oportunidade Satanás tornou "a levá-lo, agora para um monte muito alto. E mostrou-lhe todos os reinos do mundo com o seu esplendor e disse-lhe: 'Tudo isso te darei, se, prostrado, me adorares.'" (4:8-9)

O "monte muito alto" é significativo — a imagem constante quando Jesus está prestes a compreender importantes verdades —, assim como a referência plural a "reinos". A tentação diz respeito não apenas a Estados e impérios, mas a conhecimento — reinos da mente, da ciência —, a compreensão do universo pela física e a matemática, do corpo humano pela evolução darwiniana, a biologia e a estrutura cromossomial, e a explosão do ser humano penetrando, em todos os campos, nos segredos do universo. Aquela era a mais insidiosa de todas as tentações: que o homem conseguisse enormes vitórias intelectuais concordando em adorar o sucesso material e renunciando ao mundo do espírito, colocando o conhecimento acima da bondade e o controle dos elementos acima de seu Criador.

Jesus disse que só havia uma resposta possível a essa última tentação: "Vai-te, Satanás, porque está escrito: 'Ao Senhor teu Deus adorarás, e a ele só prestará culto.'" (4:10) O orgulho do conhecimento, o orgulho da capacidade humana de adquiri-lo — às custas de ignorar Deus — é apenas outra forma de idolatria. Assim dispensado, Satanás partiu, deixando Jesus só, "e os anjos de Deus se aproximaram e puseram-se a servi-lo" (4:11).

Então Jesus retornou do deserto sem ser corrompido e, como homem, mais sábio e experiente. Estava pronto para começar. Que tipo de homem era ele? Não nos é dito. Seu precursor, o Batista, é descrito. Mas em nenhum momento, em nenhum dos quatro evangelhos, é dado qualquer indício da aparência de Jesus. Nem nos é dito como era em qualquer das epístolas canônicas ou qualquer documento do século I d.C. Apenas com o século II avançado, quando a sequência de evidências orais de testemunhas havia muito se rompera, temos a primeira iconografia, e essas tentativas são mais tipológicas que verdadeiramente retratos. O Jesus que surge então é uma figura imberbe de aparência ideal. Há 104 exemplos nas catacumbas, 97 em sarcófagos, 14 em mosaicos, 45 em copos de ouro, cinquenta em outros artefatos e três em manuscritos. Posteriormente ele aparece como um homem maduro, barbado, mas ainda idealizado: e esse Jesus, adequadamente representado como humano, é o homem a partir de então pintado e esculpido por artistas da tradição ocidental. Mas a primeira aparição do Jesus barbado data de séculos após sua morte. Em síntese, não há evidências confiáveis de qual era a aparência de Jesus.

Por outro lado, conhecemos algumas coisas sobre sua personalidade visual que impressionaram testemunhas e, portanto, foram registradas nos evangelhos. Jesus era muito observador. É notável quantas vezes ele é descrito como "olhando", "olhando para", "olhando ao redor", "olhando para cima" (esta última mencionada três vezes). Seu hábito de observação penetrante marca a narrativa: "Ele olhou ao redor" antes de falar. "E ergueu os olhos para os discípulos e disse (...)." "E o senhor se virou e olhou para Pedro." "Olhara ao redor para eles com raiva, ferido pela dureza de seus corações." Era um homem muito interessado em detalhes. Não perdia nada. Tinha um olhar penetrante, que as testemunhas percebiam e do qual se lembraram. Seus olhos que tudo viam quase certamente eram a primeira coisa que deixava as pessoas impressionadas com ele.

Seu olhar estava relacionado a uma postura de decisão. Chocava as pessoas. Ele aparecia e falava não como um intérprete das Escrituras, mas como uma fonte da verdade. Mateus deixa isso claro: "Porque as ensinava com autoridade e não como os seus escribas." (7:29) Ademais, a autoridade que exercia estava lá desde o início de seu ministério. Ele não precisou adquiri-la. Era inata. À luz do que se seguiu, podemos ver que era divina. Sendo Deus, não precisava vasculhar os textos e comentários: ele era a verdade encarnada. Mas também era homem, visível e obviamente, e, portanto, seu ar de autoridade desde o primeiro dia impressionava os observadores por ser cativante. Era homem e precisava ser homem, por quatro motivos: em primeiro lugar, para fazer com que as pessoas passassem pelo teste da fé. Segundo, para se comunicar como um ser humano. Terceiro, para sofrer. E quarto, para servir de modelo para todos os tempos, o que só poderia fazer como homem — "o modo de Jesus". E, sendo homem, precisava de ajudantes, discípulos, apóstolos.

A escolha dos apóstolos, primeiro ato importante do ministério de Jesus, é descrito de várias formas pelos evangelistas (Mt 4:18ss; Mc 1:16ss; Lc 5:3ss; Jo 1:38ss). Lucas diz que, depois da experiência no deserto, Jesus começou a pregar sozinho na Galileia, sua terra natal, onde havia mais de cem pequenas cidades e aldeias, muitas com sinagogas. Em uma delas (segundo Lucas 4:18ss) ele recebeu o livro de Isaías e leu dele: "O espírito do Senhor está sobre mim (...) para evangelizar os pobres; enviou-me para proclamar a libertação aos presos, e aos cegos a recuperação da vista, para restituir a liberdade aos oprimidos." Quando fechou o livro e o devolveu ao sacerdote, sentou-se. "Todos na sinagoga olhavam-no, atentos." Ele então continuou a falar, sentado. E todos "admiravam das palavras cheias de graça que saíam de sua boca. E diziam: 'Não é esse o filho de José?'" Mas Jesus estava determinado a dizer a eles coisas que não desejavam ouvir. Ele citou o provérbio "Médico, cura-te a ti mesmo", e observou: "Nenhum profeta é bem-recebido em sua própria pátria." Ele prosseguiu criticando Elias e Eliseu e recordando à congregação o limite do seu poder. Os que o ouviram ficaram escandalizados: "Diante dessas palavras todos na sinagoga se enfureceram. E, levantando-se, expulsaram-no para fora da cidade e o conduziram até um cimo da colina sobre a qual a cidade estava construída, com a intenção de precipitá-lo de lá." Foi obrigado a exercitar seus poderes milagrosos. "Ele, porém, passando pelo meio deles, prosseguia seu caminho."

Foi a Cafarnaum, no mar da Galileia, e lá escolheu seus primeiros seguidores, pescadores robustos, fortes e com recursos para o cercar e proteger quando suas palavras irritassem os ortodoxos autoconfiantes. Segundo o quinto capítulo de Lucas, ele ensinou as pessoas no barco de pesca de Simão Pedro, que estava junto da margem enquanto este lavava as redes, tendo labutado a noite inteira em vão. Para agradecer a Simão, realizou um pequeno milagre. Disse a ele: "Faze-te ao largo; lançai vossas redes para a pesca." Embora não tivesse capturado nada naquele local, Simão fez o determinado e "apanharam tamanha quantidade de peixes que suas redes se rompiam". Eles chamaram os companheiros, Tiago e João, filhos de Zebedeu, e juntos apanharam tantos peixes que os barcos começaram a afundar. Simão se jogou aos pés de Jesus, dizendo: "Afasta-te de mim, Senhor, porque sou pecador!" Jesus retrucou: "Não tenhas medo! Doravante serás pescador de homens." Lucas acrescenta: "Então, reconduzindo os barcos à terra e deixando tudo, eles o seguiram."

João tem outra versão para essa escolha que se refere a André, irmão de Simão. Ele e outro homem são descritos como "discípulos" do Batista. Quando ouviram o Batista dizer de Jesus "Eis o Cordeiro de Deus", eles o seguiram e perguntaram: "Rabi, onde moras?" Ele respondeu: "Vinde e vede." Eles o fizeram e permaneceram com ele, e depois André achou Simão e contou: "Encontramos o Messias." Foi quando Simão foi apresentado a Jesus e acabou rebatizado de Pedro, que significa pedra ou rocha. Mateus mais uma vez faz uma variação na história, na qual Jesus diz a Simão e a André: "Vinde em meu seguimento e eu farei de vós pescadores de homens." Marcos usa a mesma frase e diz que, acompanhado pelos quatro pescadores imponentes, Jesus foi a Cafarnaum e começou a ensinar na sinagoga "logo no sábado". O fato de que André era discípulo do Batista me indica que o pequeno grupo de pescadores que trabalhavam juntos já estava à beira de um redespertar religioso. Mas André era seguidor de João apenas parte do tempo. Jesus insistiu em que o grupo o acompanhasse o tempo todo, e eles obedeceram. Os filhos de Zebedeu, diz Marcos, "deixaram seu pai Zebedeu no barco com os empregados".

Jesus era inabalável em que os homens que convocava deviam colocar a missão em primeiro lugar. Em uma impressionante passagem de Mateus (10:34-38), ele admitiu que seu trabalho causaria divisões nas famílias: "Os inimigos do homem serão seus próprios familiares." Filhos contra pais, mães contra filhas, sogras contra noras. Embora convocasse apenas homens para missões públicas, o fato de que menciona as mulheres mostra que também as recrutava para apoiar a missão de várias formas e esperava que elas servissem com igual devoção — como, de fato, fizeram. Nessa passagem difícil e contundente, Jesus insiste na natureza absolutista de uma vocação de servir a ele. Envolvia escolhas dolorosas. "Aquele que ama pai ou mãe mais do que a mim não é digno de mim. E aquele que ama filho ou filha mais do que a mim não é digno de mim. Aquele que não toma sua cruz e não me segue não é digno de mim."

A referência à cruz é significativa. Jesus acabara de escapar por pouco da morte nas mãos de intolerantes furiosos, e nunca duvidou do perigo de sua missão. O início dela coincidiu com — e pode ter sido apressado por — a prisão do Batista. André talvez não fosse o único seguidor do Batista entre os apóstolos, e certamente muitos logo foram recrutados para a massa de discípulos de Jesus. Mas Jesus lançou uma rede ampla e, embora o núcleo de seus apóstolos fosse composto de pescadores, deliberadamente escolheu homens de outras ocupações, incluindo aqueles que eram anátemas para os ortodoxos, como coletores de impostos, ou publicanos, como eram conhecidos. No extremo norte do mar da Galileia havia uma estrada de Damasco para Acre, no Mediterrâneo. Na fronteira entre o território de Filipe, o Tetrarca, e Herodes Antipas, governante da região onde Jesus atuava, fora instalada uma alfândega onde eram cobradas taxas das mercadorias que atravessavam a estrada. Jesus passou por ela, viu Mateus do lado de dentro fazendo contas e disse a ele: "Segue-me." O olhar penetrante em seus olhos encontrando os de Mateus enquanto dizia as palavras é tema de uma das maiores pinturas de Caravaggio, hoje exposta na capela Contarelli de Roma. Mateus obedeceu ao chamado instantaneamente.

Nem todos aqueles que Jesus chamou atenderam. Uma das mais tristes histórias dos Evangelhos está em Marcos 10:17--22. No litoral da Judeia, um homem corre até ele e se ajoelha a seus pés. Ele pergunta: "Bom Mestre, que farei para herdar a vida eterna?" Jesus recitou os mandamentos, e o homem replicou: "Mestre, tudo isso eu tenho guardado desde a minha juventude." Jesus sentiu um profundo afeto por aquele fiel sincero e "o amou". Então decidiu também chamá-lo, e disse: "Vende o que tens, dá aos pobres e terás um tesouro no céu. Depois, vem e segue-me." Mas o homem achou que era pedir demais: "Ele, porém, contristado com essa palavra, saiu pesaroso, pois era possuidor de muitos bens."

Os 12 apóstolos foram reunidos no começo do ministério de Jesus, e todos os sinópticos dão seus nomes (Lc 6:13-16; Mt 10:2-4; Mc 3:14-19). A relação de Lucas tem Simão Pedro e seu irmão André, Tiago e João, irmãos que Jesus chamava de "Filhos do Trovão" por causa de seu entusiasmo; Filipe, o cauteloso; Bartolomeu (citado como Natanael, seu outro nome, em João); Mateus; Tomé (depois "Tomé, o Incrédulo"); Tiago, filho de Alfeu; Simão, conhecido como Zelote; Judas, irmão de Tiago; e Judas Iscariotes. Nas relações de Mateus e Marcos, Simão Zelote é indicado como "o cananeu", e é incluído Tadeu no lugar do primeiro Judas. Mas Tadeu e esse Judas podem ser a mesma pessoa: na Palestina do século I, muitos homens tinham mais de um nome, frequentemente um nome grego (como André ou Filipe), bem como um aramaico, e alguns, como Natanael, eram identificados em função dos pais. Tendo isso em mente, a grande coerência é impressionante. Em minha opinião é provável que todos os primeiros cristãos conhecessem os nomes dos apóstolos em ordem, de cor.

Os 12 eram especiais. Tinham funções específicas e receberam o poder de executá-las. Marcos diz que Jesus os "ordenou" perto de um lugar alto, como era seu hábito, para iniciar o sacerdócio cristão, a "sucessão apostólica", como passou a ser chamada, que continua até hoje, dois mil anos depois. "Depois subiu à montanha e chamou a si os que ele queria, e eles foram até ele (...) para enviá-los a pregar." (3:13-14)

Portanto, a missão de Jesus estava preparada e organizada. Qual o seu objetivo? A quem era dirigida? E quais eram os seus métodos?

III

O perigo dos milagres

Ao escolher seus apóstolos, Jesus os deixou chocados com o modo como os identificou e com o conhecimento que tinha de suas vidas. Isso levou Natanael, no relato de João, a saudá-lo como "o Filho de Deus (...) o Rei de Israel" (1:49). Jesus responde que ele parecia se impressionar facilmente: "Verás coisas maiores do que essas." (1:50) Mas é importante notar que Jesus, consciente que era dos poderes sobrenaturais, não estava disposto a usá-los para exibição — era uma das tentações à qual resistira no deserto. Era um fazedor de milagres relutante.

Três dias após ter escolhido seus primeiros apóstolos, como conta João, ele foi a um casamento na cidade de Caná, não distante do litoral do mar da Galileia, onde seus discípulos pescadores trabalhavam. Eles o seguiram. Era uma questão de família. Uma integrante do numeroso clã de sua mãe estava se casando. O relato de João (2:1-11) do que ele chama o "começo dos milagres" é um dos episódios mais fascinantes de todo o Novo Testamento, provando autenticidade com sua precisão detalhada do acontecimento. No mínimo lança luzes sobre a intimidade entre Jesus e sua mãe, a capacidade que ela tinha de ler sua mente.

Maria ficou muito ansiosa por Jesus ter levado com ele tantos de seus seguidores. Fosse por causa dos convidados extras não esperados, embora bem-vindos, ou por motivos não revelados — desorganização, tão comum no século I d.C. quanto hoje —, o vinho acabou. Maria, preocupada com a vergonha que isso seria para a família, esperava que Jesus fizesse algo. Disse a ele: "Eles não têm mais vinho." Sua calma expectativa de que fizesse um milagre com um objetivo puramente social mostra que ela já tinha plena consciência de seus poderes. Mas sua suposição produziu uma reação ríspida: "Que queres de mim, mulher? Minha hora ainda não chegou." De tudo que sabemos sobre ele, é impossível ver Jesus sendo rude com sua mãe — na verdade, com qualquer um, mas menos ainda com ela. Certamente não foi assim que Maria entendeu a resposta. Com o instintivo conhecimento materno de sua bondade e devoção, interpretou a aparente recusa em ajudar como um sinal claro de que faria o que ela desejava. Então disse calmamente aos empregados: "Fazei tudo o que ele vos disser."

Vem então o segundo detalhe que mostra a verdade. Jesus percebeu seis grandes talhas de pedra, no momento vazias, mas normalmente contendo "de duas a três medidas" (uma medida correspondia a 30 litros). Disse aos empregados para enchê-las de água, e quando o fizeram ele ordenou: "Tirai agora e levai ao mestre-sala." E eis o terceiro detalhe que transmite verossimilhança. O mestre de cerimônias (ou "mestre-sala"), de um tipo que felizmente não mais existe — pelo menos no Ocidente —, sentiu ser sua obrigação se pronunciar sobre a qualidade do vinho. Disse ao noivo: "Todo homem serve primeiro o vinho bom e, quando os convidados já estão embriagados, serve o inferior. Tu guardaste o vinho bom até agora!" É de se pensar o que essa pessoa pretensiosa teria dito criticamente caso Maria e Jesus houvessem permitido que o vinho acabasse. Do modo como aconteceu, Jesus tinha fornecido, pelos meus cálculos, quase mil garrafas de um *vintage*. Isso foi motivo de conversa entre os bebedores do nordeste da Galileia, com os homens classificando a bebida de "glória". Os detalhes do novo estoque devem ser considerados corretos, pois no que diz respeito a álcool os homens raramente cometem erros estatísticos.

Caná não foi o primeiro milagre. Pois um já ocorrera, permitindo que Jesus escapasse de ser assassinado pela malta devota na sinagoga do alto da colina, e outro quando Jesus produziu a carga de peixes ao convocar Simão Pedro e seus colegas. Mas todos os três milagres foram relutantes, mais uma reação de Jesus a uma situação do que o uso deliberado de seus poderes sobrenaturais para impressionar.

De fato, embora operar milagres fosse considerado um dos aspectos mais notáveis do ministério de Jesus na época e desde então, Jesus não dava muita importância a isso. Vinte anos após sua morte, são Paulo faz a distinção entre as culturas hebraica e grega: "Os judeus pedem sinais, e os gregos andam em busca de sabedoria." (1 Cor 1:22) Na teologia judaica, Deus criou a natureza, em si um milagre, ou uma interminável série de milagres. E a decisão de Deus de suspender a natureza em um determinado momento foi outro tipo de milagre que marcou o Velho Testamento como um sinal de seu poder. Jesus sempre esteve preparado para demonstrar o poder de Deus pelo milagre, quando foi necessário fazê-lo. Mas repetidamente rejeitou o papel de mero fazedor de milagres como um instrumento humano de "sinais e maravilhas". Lucas diz que ele via o clamor incessante das pessoas por "sinais" como o sinal de "uma geração má": "procura um sinal, mas nenhum sinal lhe será dado." E ao contar a história do pobre Lázaro e do rico ímpio (Lc 16:19-31), Jesus deixa claro que aos olhos de Deus é preferível que os homens demonstrem fé escutando a verdade sagrada e a aceitando e seguindo do que esperando por sinais e milagres que os convençam. Jesus ensinou que a verdade era razoável, que bondade fazia sentido, que seguir seu ensinamento e obedecer aos mandamentos de Deus era algo racional a se fazer. Assim, estava muito mais próximo da posição grega que da judaica. Portanto, a obra de são Paulo ao apresentar a mensagem de Jesus nos termos da cultura grega era a intenção do Mestre, e a grande estrutura teológica de santo Tomás de Aquino em sua *Summa theologica* do século XIII, apresentando o cristianismo como a arquitetura moral da razão, foi o ápice intelectual de um processo que Jesus iniciara na Galileia 12 séculos antes.

Ainda assim, Jesus fez milagres. Contei dezenas de oportunidades registradas pelos evangelistas nas quais eles ocorreram. Três foram curas múltiplas de doentes e exorcismos de possuídos por demônios. Os outros dizem respeito a indivíduos ou incidentes em que Jesus interrompeu o curso normal da natureza detendo uma tempestade ou fazendo uma figueira secar. Os evangelistas registram os milagres de formas diferentes. Marcos, refletindo as lembranças de são Pedro, que sempre reagiu de forma dramática a milagres, registra 18 deles: de fato, seu texto curto é virtualmente um relato do ministério milagroso de Jesus. O texto muito mais longo de Mateus registra vinte, mas ele dedica a maior parte do espaço ao que Jesus disse: o seu é essencialmente o "Evangelho dos ensinamentos". Lucas também aponta vinte milagres, mas insiste no papel secundário que tinham no trabalho de Jesus. Também autor dos Atos dos Apóstolos, ele tenta mostrar que homens comuns, os apóstolos, podiam fazer milagres de cura exatamente do mesmo tipo que o próprio Jesus realizou — não era preciso ser o Filho de Deus para exercitar esse poder derivado ou transferido. Assim, o relato de Lucas em Atos 9:32-42 mostra Pedro replicando o trabalho de Jesus na cura do paralítico Enéas (Lc 5:18-26) e erguendo Dorcas (Lc 8:49-56). João registra apenas nove milagres, embora entre eles estejam o começo em Caná e o milagre mais significativo de todos, erguer Lázaro dos mortos quando seu corpo já se decompunha (11:1-44), que prefigura sua própria ressurreição. A única oportunidade em que todos os evangelistas registram o mesmo milagre é quando Jesus alimenta os cinco mil.

Na maioria das ocasiões em que Jesus concordou em realizar um milagre, seu motivo foi compaixão. Seu coração estava com o doente, o enfermo, o incapacitado, especialmente se fosse idoso e tivesse sofrido o fardo da incapacidade por muitos anos. Ensinando em uma sinagoga, Jesus notou uma idosa em estado lastimável, "possuída havia 18 anos por um espírito que a tornava enferma; estava inteiramente recurvada e não podia de modo algum endireitar-se. Vendo-a, Jesus chamou-a e disse: 'Mulher, estás livre de tua doença', e lhes impôs as mãos. No mesmo instante ela se endireitou e glorificava a Deus" (Lc 13:11-13). Ali era Jesus, o perspicaz: percebendo um terrível caso de fraqueza em uma congregação abarrotada e agindo rapidamente. Mais frequentemente, na pressão das multidões, eram os amigos dos doentes ou os próprios doentes que imploravam que fizesse algo. Perto de Decápole os amigos de um homem surdo-mudo o levaram a Jesus e "rogaram que impusesse as mãos sobre ele". Jesus, "levando-o a sós para longe da multidão, colocou os dedos nas orelhas dele e, com saliva, tocou-lhe a língua". Jesus então suspirou e disse em aramaico: "Abre-te!" As orelhas do homem imediatamente se abriram, "e a língua se lhe desprendeu, e falava corretamente". Foi outro caso de compaixão, e longe de fazer disso um "sinal", Jesus "os proibiu de contar o que acontecera". Mas quanto mais ele insistia em gratidão silenciosa, "tanto mais eles o proclamavam" (Mc 7:32-36).

Jesus dava pouco crédito àqueles cuja fé era inspirada por um milagre realizado por ele. Ficava mais impressionado com aqueles que já tinham fé em que podia realizar um. Mateus (8:5-13) e Lucas (7:1-10) contam a história comovente de um oficial romano, um centurião, que foi até ele em Cafarnaum e implorou: "Senhor, meu criado está deitado em casa, paralítico, sofrendo dores atrozes." O coração de Jesus sempre se aquecia com os que cuidavam daqueles em posição inferior, bem como de suas famílias, e imediatamente disse que iria e curaria o criado. Mas o homem tinha absoluta fé nas simples palavras de Jesus. Ele explicou: "Com efeito, também eu estou debaixo de ordens e tenho soldados sob meu comando, e quando digo a um 'Vai!', ele vai, e a outro: 'Vem!', ele vem; e quando digo a meu servo: 'Faze isto', ele o faz." Explicou que não era "digno de recebê-lo sob meu teto". Só o que pedia era uma ordem que, sabia, seria obedecida: "Basta que digas uma palavra e meu criado ficará são." Aquele era o verdadeiro tipo de fé que Jesus buscava. Ele disse à multidão: "Em verdade vos digo que, em Israel, não achei ninguém que tivesse tal fé." Aproveitou a oportunidade para alertar que muitos que se consideravam escolhidos se iludiam, e que a grande massa dos salvos viria "do oriente e do ocidente" — deixando claro que sua missão não era apenas para com os judeus, mas, acima de tudo, para com os gentios, ou a humanidade como um todo. Mateus e Lucas contam essa história significativa com palavras quase idênticas e insistem em que o empregado do centurião foi curado no momento em que Jesus falou.

Jesus não tinha como impedir que esse milagre fosse comentado, e sem dúvida causou rebuliço. Como regra, porém, quando levado a curar por compaixão, buscava que ninguém soubesse. Em Betsaida um cego foi levado a ele pelos amigos, "rogando que o tocasse". Jesus, "tomando o cego pela mão, levou-o para fora do povoado e, cuspindo-lhe nos olhos e impondo-lhe as mãos, perguntou-lhe: 'Percebes alguma coisa?'" O homem disse: "Vejo as pessoas como se fossem árvores andando." Jesus então colocou novamente as mãos sobre os olhos do homem e pediu que descrevesse o que via. Dessa vez ele "viu distintamente". Então Jesus o mandou para casa, dizendo: "Não entres no povoado!" (Mc 8:22-26) É notável que Jesus, movido pela compaixão e a fé do sofredor, preferisse curar o doente longe dos olhos do público. Quando estava em Nazaré, Jesus foi seguido por dois homens cegos que disseram: "Filho de Davi, tem compaixão de nós!" Ele esperou que o seguissem até sua casa, e estavam sozinhos quando disse: "'Credes vós que tenho poder de fazer isso?' Eles responderam: 'Sim, Senhor.' Então tocou-lhes os olhos e disse: 'Seja feito segundo a vossa fé.' E os seus olhos se abriram. Jesus, porém, os admoestou com energia: 'Cuidado, para que ninguém o saiba.'" (Mt 9:27-30)

Claro que os dois homens curados não conseguiram resistir a contar a todos sobre aquilo. Mas Jesus sempre estava ansioso para mostrar que um simples milagre de curar o doente era apenas uma prova superficial dos enormes poderes de Deus dados a ele. Mais cedo naquele mesmo dia em Nazaré "trouxeram um paralítico deitado numa cama". Jesus disse a ele: "Tem ânimo, meu filho; os teus pecados te são perdoados." Alguns escribas que assistiam à cena disseram a si mesmos: "Blasfema." Adivinhando seus pensamentos, Jesus disse: "Por que tendes esses maus sentimentos em vossos corações? Com efeito, que é mais fácil dizer: 'Teus pecados são perdoados', ou dizer 'Levanta-te e anda'? Pois bem, para que saibais que o Filho do Homem tem poder na terra de perdoar os pecados...', disse então ao paralítico: 'Levanta-te, toma tua cama e vai para casa.'" Segundo Mateus, "Ele se levantou e foi para casa" (9:2-7). Em certas ocasiões, quando Jesus deliberadamente buscou testemunhas de um milagre, seu objetivo era denunciar a intolerância de seus críticos ortodoxos. Um dos princípios deles era que até realizar um milagre no sábado era pecado, já que era trabalho, mesmo com o poder de Deus. Na abertura do terceiro capítulo de Marcos, ele diz que Jesus entrou em uma sinagoga e encontrou um homem com uma das mãos atrofiada. Os fariseus observavam, esperando que ele curasse o homem para poder acusá-lo de violar o sábado. Jesus disse ao homem: "Levanta-te e vem aqui para o meio."

Depois perguntou aos fariseus: "É permitido, no sábado, fazer o bem ou fazer o mal? Salvar a vida ou matar?" Eles se recusaram a responder. Jesus, "repassando então sobre eles um olhar de indignação, e entristecido pela dureza no coração deles, disse ao homem: 'Estende a mão.' Ele a estendeu, e sua mão estava curada'". Os fariseus saíram para relatar não o milagre, mas a violação do sábado e o comportamento provocador de Jesus. "Os fariseus com os herodianos imediatamente conspiraram contra ele sobre como o destruiriam." (3:1-6)

O fato é que, como Jesus sabia desde o começo, invocar o poder de Deus por intermédio de milagres, com sucesso ou não, era perigoso em um país com tendência a histeria religiosa no qual as autoridades, seculares e eclesiásticas, estavam determinadas a eliminar o que não podiam controlar ou usar para seus próprios objetivos. Os altos sacerdotes, os escribas e as seitas organizadas, como os fariseus, não foram convencidos da santidade de Jesus por suas curas. Suspeitavam de embustes, acertos com os "doentes" ou, pior, obra de espíritos malignos. Quando Jesus curou pessoas perturbadas que se acreditava possuídas por demônios, eles o acusaram de trabalhar com Belzebu, o príncipe dos demônios.

A hostilidade dos poderosos não era o único risco que Jesus corria. O fato de que podia curar doentes crônicos levou a um comportamento conflituoso entre aqueles que buscavam alívio e seus amigos e parentes ansiosos. Quando Jesus entrou em um local em Cafarnaum, "depois de alguns dias souberam que ele estava em casa", e uma multidão se reuniu, não havendo mais lugar nem à porta. Um homem com paralisia, evidentemente rico, já que tinha quatro ajudantes que o carregavam, foi até a casa, mas seus ajudantes não conseguiram levá-lo para dentro por causa do que Marcos chama de "a multidão". Então, desesperados e excitados, eles "abriram o teto" da casa onde Jesus estava e, "tendo feito um buraco, baixaram o leito em que jazia o paralítico" (2:1-4). Foi a ocasião em que Jesus perdoou os pecados do doente, escandalizando os ortodoxos, antes de ordenar que se erguesse do leito e caminhasse. Os fariseus ficaram furiosos — e o dono da casa também não deve ter ficado satisfeito.

Uma história similar, mas talvez ainda mais impressionante, da inconveniência dos milagres está em Mateus 8:28-34, sobre a região perto de Gadara, a leste do mar da Galileia. Mateus era dessa região do país, e portanto pôde identificar a verdadeira cidade, Gergesa, em penhascos debruçados sobre a água, onde o incidente ocorreu. Ali, dois homens possuídos por demônios que viviam entre os túmulos (um descrito como "extremamente feroz") reconheceram e confrontaram Jesus. Os demônios imploraram que, se ele os expulsasse dos homens, permitisse que encarnassem em uma manada de porcos que se alimentava pacificamente ali perto. Os demônios deixaram os homens e "foram para os porcos e logo toda a manada se precipitou no mar, do alto de um precipício, e pereceu nas águas". Os pastores, aterrorizados, "dirigiram-se à cidade, contaram tudo o que acontecera". Mateus, para quem o incidente era bastante familiar, conclui: "Diante disso, a cidade inteira saiu ao encontro de Jesus. Ao vê-lo, rogaram-lhe que se retirasse do seu território." Como seria de esperar. A vida de um fazedor de milagres era difícil.

De fato, enquanto prosseguia em seu ministério, Jesus cada vez mais evitou realizar milagres, a não ser quando as súplicas não permitiam que recusasse. O quinto capítulo de Marcos (22-43) nos conta dois desses casos. Na margem noroeste do mar da Galileia, região em que Jesus era mais conhecido, um judeu proeminente chamado Jairo, "um dos chefes da sinagoga", que o ajudara a pregar ali, "caiu a seus pés. Rogou-lhe insistentemente". Disse que sua filha de 12 anos de idade estava "morrendo". Implorou a Jesus: "Vem e impõe nela as mãos para que ela seja salva e viva." Jesus foi com ele, mas a multidão o seguiu "apertando-o de todos os lados". Uma mulher idosa viu a oportunidade de conseguir ajuda. Sua história era triste. Sofria havia 12 anos de um "fluxo de sangue", uma queixa pós-menstrual comum, em uma forma aguda. Havia sofrido nas mãos de vários médicos, que levaram todo o seu dinheiro, "sem nenhum resultado, mas cada vez piorando mais". Ouvira falar de Jesus, se juntara à multidão e em meio ao aperto conseguira tocar sua roupa. "Porque dizia: 'Se ao menos tocar suas roupas, serei salva.'" E foi verdade: "E logo estancou a hemorragia. E ela sentiu no corpo que estava curada de sua enfermidade." Mas Jesus também sentira, e, "tendo consciência da força que dele saíra, voltou-se para a multidão e disse: 'Quem tocou minhas roupas?'". Os discípulos ficaram confusos. Naquela imensa multidão comprimida, quem poderia dizer? Mas a mulher ouviu, e soube. "Amedrontada e trêmula", ela se jogou diante de Jesus e contou a verdade. Ele a olhou com ternura. Vendo que era idosa e tremia, não se dirigiu a ela com o formal "Mulher", preferindo dizer: "Minha filha, a tua fé te salvou; vai em paz, fique curada desse teu mal."

Enquanto isso, um dos parentes de Jairo chegou para dizer que não fazia mais sentido incomodar Jesus: a garotinha estava morta. Mas Jesus insistiu em ir à casa de Jairo. Lá, no canto fúnebre, encontrou uma multidão de parentes, empregados e cantores — "em alvoroço", nas palavras de Mateus (9:23). Ele exigiu silêncio, dizendo: "A criança não morreu. Está dormindo." (9:24) Ordenou que todos saíssem de casa e, acompanhado apenas dos pais da menina e de Pedro, Tiago e João, foi ao quarto onde ela estava (Lc 8:51). "Tomando a mão da criança, disse-lhe: *Talítha kum* — o que significa: 'menina, eu te digo, levanta-te.'" (Mc 5:41) A menina levantou e caminhou. Então vem o detalhe que dá comovente autenticidade à história. Jesus amava as crianças e as entendia. A garotinha não recebera nada para comer enquanto sofria com uma doença mortal, e os médicos giravam ao redor de sua cama. Estava então de pé, e Jesus sabia que devia ter fome. Lucas diz que sua primeira instrução foi para que lhe dessem algo de comer.

Contudo, a seguinte foi ordenar a todos os presentes que não dissessem nada. Como sempre, ele queria a todo custo evitar ser conhecido como um fazedor de milagres. Detestava ser visto como uma espécie de mágico santo. Em nenhum dos quatro Evangelhos há um único momento em que ele use seus poderes de cura para conseguir apoio — exatamente o oposto. Mas algumas vezes a publicidade era inevitável, e podia ser perigosa, além de incômoda, para um homem profundamente reflexivo e um orador ávido para transmitir sua mensagem por intermédio da razão, e não de "sinais". À medida que a missão prosseguia, ficou claro que as autoridades judaicas estavam cada vez mais ansiosas para destruí-lo, ou pelo menos silenciá-lo. Para elas, o fato de que tinha poderes incomuns era uma razão a mais para eliminar um estrangeiro que as desafiava; e a crise se tornou mais aguda quando Jesus mostrou que tinha ainda mais poder. Esse ponto é deixado particularmente claro por João em seu Evangelho, o único a descrever a ressurreição de Lázaro, amigo de Jesus (11:1-57).

É dito a nós que Jesus gostava muito de Lázaro, embora não saibamos por quê, pois ele nunca fala nos relatos do Evangelho e não é tão bem-caracterizado como suas irmãs Marta e Maria. Eles viviam na cidade de Betânia, nas encostas ocidentais do Monte das Oliveiras, a leste de Jerusalém. Jesus tinha outros amigos ali além de Lázaro e suas irmãs, e com frequência ficava lá quando em visita a Jerusalém. Mas era visto como um tipo suspeito "conhecido" das autoridades do Templo, que certa vez haviam incitado uma multidão a expulsá-lo da cidade a pedradas. João 11 descreve como perto do final de seu ministério, enquanto Jesus e seus companheiros estavam do outro lado da fronteira, em Samaria, chegaram mensageiros de Marta e Maria dizendo que Lázaro estava doente. Jesus esperou dois dias, depois anunciou que cruzaria a fronteira para a Judeia e iria a Betânia. Ele explicou: "Essa doença não é mortal, mas para a glória de Deus, para que, por ela, seja glorificado o Filho de Deus." Mas, após se demorar por dois dias, por razões que são um mistério para nós, ele anunciou que Lázaro estava morto: "Por vossa causa, alegro-me de não ter estado lá, para que creiais. Mas vamos para junto dele!" Os discípulos disseram: "Rabi, há pouco os judeus procuravam apedrejar-te e vais outra vez para lá?" Tomé, chamado Dídimo, acreditava que Jesus seguia para sua morte, e disse aos camaradas: "Vamos também nós, para morrermos com ele!"

Quando eles chegaram, Jesus descobriu que Lázaro não apenas morrera, como havia sido colocado em seu túmulo quatro dias antes. A cidade estava cheia de judeus saídos de Jerusalém para consolar Marta e Maria, pois Lázaro obviamente era uma pessoa popular e muito estimada. Maria permaneceu na casa, chorando. Mas Marta saiu para encontrar Jesus, e houve o seguinte diálogo:

MARTA: Senhor, se estivesses aqui, meu irmão não teria morrido. Mas ainda agora sei que tudo o que pedires a Deus, ele te concederá.

JESUS: Teu irmão ressuscitará.

MARTA: Sei que ressuscitará na ressurreição, no último dia!

JESUS: Eu sou a ressurreição. Quem crê em mim, ainda que morra, viverá. E quem vive e crê em mim jamais morrerá. Crês nisso?

MARTA: Sim, Senhor, eu creio que tu és o Cristo, o Filho de Deus que vem ao mundo.

Ela então entrou em casa, chamou sua irmã Maria "dizendo baixinho": "O Mestre está aí, e te chama!" Maria imediatamente correu para onde Jesus esperava, fora da cidade. Os judeus da casa a seguiram, "julgando que fosse ao sepulcro para aí chorar". Ao ver Jesus, Maria se ajoelhou aos seus pés e disse: "Senhor, se estivesses aqui, meu irmão não teria morrido." Ela chorou, e os judeus com ela choraram. Jesus "comoveu-se interiormente e ficou conturbado". Disse: "Onde o colocastes?", e eles responderam: "Senhor, vem e vê!" João acrescenta: "Jesus chorou." Os judeus disseram: "Vede como ele o amava!" Mas outros disseram: "Esse, que abriu os olhos do cego, não poderia ter feito com que ele não morresse?" Jesus comoveu-se novamente e foi ao sepulcro, uma caverna bloqueada por uma pedra. Disse: "Retirai a pedra!" Marta, sempre direta e prática, o alertou: "Senhor, já cheira mal; é o quarto dia!" Jesus recordou a ela que se acreditasse veria a glória de Deus. Então a pedra foi retirada e Jesus ergueu os olhos para o céu, dizendo: "Pai, dou-te graças porque me ouviste." Depois gritou em alta voz: "Lázaro, vem para fora!" Lázaro o fez, "com os pés e mãos enfaixados e com o rosto recoberto com um sudário". Jesus disse: "Desatai-o e deixai-o ir."

Esse foi de longe o maior dos milagres de Jesus. Ele não tinha como evitar, e não tinha como mantê-lo privado, como era sua regra. Foi testemunhado por muitos judeus devotos, alguns dos quais se converteram imediatamente e tiveram certeza de que Jesus era o Filho de Deus. Mas outros retornaram a Jerusalém e se queixaram aos fariseus e às autoridades do Templo de que algum tipo de ato diabólico estava acontecendo e logo haveria conflitos. Os altos sacerdotes convocaram uma reunião do conselho. Eles se perguntaram: "Que faremos? Esse homem realiza muitos sinais. Se o deixarmos assim todos crerão nele, e os romanos virão, destruindo nosso lugar santo e a nação."

O sumo sacerdote do ano, Caifás, mostrou seu desprezo: "Vós nada entendeis." Disse que era interessante que "um só homem morra pelo povo" e que Jesus era o homem escolhido: "Então, a partir desse dia, resolveram matá-lo." Nesse relato João mostrou o duplo efeito dos milagres — apenas a postura do próprio Jesus em relação a eles era tão ambígua. Milagres convenciam as pessoas de que Jesus era alguém especial, mas também despertavam a hostilidade das autoridades judaicas.

A despeito da verdade dos milagres — exatamente porque acreditavam neles, pelo menos em parte —, os sacerdotes, os escribas, os fariseus e outros judeus praticantes devotos e ortodoxos decidiram que Jesus era uma ameaça tanto a eles pessoalmente quanto à comunidade judaica. Foram os milagres, e seu evidente sucesso e verdade, que convenceram aqueles homens a levar Jesus à morte. Pois chamaram a atenção para a verdadeira ameaça — os ensinamentos de Jesus, que prometiam derrubar todos os valores tradicionais, antigos, exclusivos e hieráticos deles. O que realmente temiam era o que viam surgir: um novo mundo moral. Para o qual nos voltaremos agora.

IV

O que Jesus ensinou e por quê

Jesus ensinou durante boa parte dos três anos em que passou no sudeste da Galileia e em Jerusalém. Seu ministério inicial se concentrou em Cafarnaum, no mar da Galileia, com visitas a Jerusalém e regiões de Samaria. No meio do ministério, ele fez uma primeira viagem à Galileia, visitando Nazaré e outras cidades. Seguiram-se viagens ao litoral oriental do mar da Galileia e uma segunda excursão por aldeias dessa região. Uma terceira excursão pela Galileia também incluiu visitas além dela, a Tiro e Sidônia, Decápole, Cesareia e Filipos. No final do ministério esteve em Pereia, partes da Judeia e novamente Galileia, até sua entrada triunfal em Jerusalém que o levou à prisão e crucificação.

O ministério foi contínuo. Mesmo viajando, Jesus não deixou de ensinar. Não há evidências de que tenha pregado sermões formais, muito menos regulares e repetidos. De fato, a palavra "pregar" não deveria ser usada em relação a ele. "Ensinar" é mais preciso. Ele ensinava à medida que o Espírito Santo o impelia, muitas vezes em reação ao que havia visto ou ouvido, ou a perguntas. Usava sinagogas onde os encarregados delas eram amigáveis, ou ensinava a céu aberto. Assim, Jesus não foi sufocado por um programa de encontros específicos para ensinar. Mesmo sempre trabalhando, ele dá a impressão de encontrar tempo para conversar. Ainda que não sobre trivialidades. Nunca há uma sensação de urgência. Claro que Jesus, que era Deus bem como homem, vivia parcialmente fora da estrutura do tempo e do espaço. Podia fazer, e fazia, o tempo parar, e podia eliminar as limitações de espaço. Isso era particularmente verdade quando desejava rezar, como fazia com frequência, fora do tempo ou em uma colina ou montanha, além do espaço. Mas quando não rezava ele ensinava, mesmo às refeições, pois Jesus era sociável e adorava ensinar quando as pessoas estavam relaxadas, desfrutando de comida e companhia. Calculo que em seu ministério de três anos Jesus tenha ensinado em talvez quatrocentas oportunidades para multidões reunidas, bem como em muitos outros momentos em que surgia uma oportunidade informal. Seus poucos dias de descanso eram passados pescando no grande lago ao redor do qual girava seu ministério. Os discípulos pescavam, como sabiam fazer, enquanto Jesus se reclinava na popa e algumas vezes dormia.

O que Jesus ensinava? Ele não tinha sistema, tratado, código. Deus proíbe! A única forma de captar seus ensinamentos é ler todos os Evangelhos separadamente até sua essência tomar a mente. No antigo Oriente Próximo, séculos antes do nascimento de Cristo, quando as sociedades apenas começavam a sair da barbárie, o assombro e a crença religiosos serviram para civilizar, produzindo códigos legais elaborados para preservar a ordem, porque não havia parlamentos civis ou corpos constitucionais para desempenhar a função. Esses códigos religiosos eram baseados no acúmulo de comentários produzidos por sacerdotes profissionais, escribas e juristas eclesiásticos. Esse processo foi particularmente intenso entre os judeus, cujas raízes religiosas e legais remontavam a Moisés e mesmo Abraão, e que na época de Jesus já desfrutavam de uma elaboração contínua e progressiva de obrigações legais que recuava dois milênios. Nesse processo Deus se tornara uma figura muito distante e assustadora, mas a lei era uma realidade sempre presente e poderosa.

Jesus foi um revolucionário que transformou toda a estrutura religiosa judaica em algo muito distinto. Ela deixou de ser um sistema penal de lei e punição — algo que podia ser atribuído a César e seus soldados — e se tornou uma questão do coração e uma aventura do espírito. Jesus não exatamente renegou a lei. O que fez foi extrair seu código moral e ignorar o resto. Em vez da lei, ele falou do Reino de Deus ou do Reino dos Céus. A alma fiel não era aquela que obedecia à lei, mas a que, transformando seu espírito, "entrava" no Reino. Deus não era o Iahweh distante e terrível, mas "o Pai".

Fundamentalmente, nos ensinamentos de Jesus toda a raça humana era "os filhos de Deus". Ele usou o termo "Pai" ou "Santo Pai" mais que qualquer outro. Segundo Lucas 11:2--4, quando um discípulo perguntou a ele como rezar, Jesus ensinou as palavras do pai-nosso, um apelo admiravelmente sucinto e íntimo a Deus, que é tratado como o pai de uma família unida em vez de como uma divindade invisível em uma montanha. Depois, na véspera de sua Paixão, no Jardim de Getsêmani, ele orou diretamente a Deus em uma versão ampliada e transcendental do pai-nosso, que é apresentado na íntegra no décimo sétimo capítulo de João. Jesus sempre ensinou que o mundo presente, embora criado por Deus e bom e belo em muitos sentidos, a ser desfrutado e usado de forma razoável, era totalmente diferente do Reino de Deus. Esse era estranho, e os seres humanos nunca poderiam ficar plenamente à vontade nele. Era como se faltasse algo neles, alguma parte vital.

Eles precisavam se "tornar inteiros". Esse processo não podia ser conseguido obedecendo a leis intermináveis, ou mesmo fazendo boas ações, por mais meritórias que fossem. Dependia inteiramente da misericórdia de Deus, cujo Filho era o símbolo e o instrumento do seu sacrifício. A vida na terra devia ser dedicada a uma transformação pessoal, na qual cada alma humana lutava para se tornar o mais parecida possível com Deus, um processo auxiliado pela existência de seu filho tornado homem, o que facilitava a imitação.

A essência do ensinamento de Jesus é a busca de unidade. O que importa não é o mundo, um mero episódio no tempo e no espaço, mas as pessoas nele: sua estadia é temporária, e seu objetivo é emergir dele e se tornar um com Deus. Prestes a deixar o mundo, Jesus rezou a Deus por seus fiéis seguidores: "Já não estou no mundo; mas eles permanecem no mundo e eu volto a ti. Pai Santo, guarda-os em teu nome que me deste, para que sejam um como nós." (Jo 17:11)

Aos olhos de Jesus, os fiéis são alheios ao mundo: "não são do mundo, como eu não sou do mundo", uma frase tão importante que ele a repete (Jo 17:14,16). E acrescenta (17:20-26):

> *Não rogo somente por eles [seguidores], mas pelos que, por meio de sua palavra, crerão em mim, a fim de que todos sejam um. Como tu, Pai, está em mim e eu estou em ti, que eles estejam em nós. (...) Eu lhes dei a glória que me deste para que eles sejam um, como nós somos um: eu neles e tu em mim, para que sejam perfeitos na unidade. (...) Pai justo, o mundo não te conheceu, mas eu te conheci e estes reconheceram que tu me enviaste. Eu lhes dei a conhecer o teu nome e lhes darei a conhecê-lo, a fim de que o amor com que me amaste esteja neles e eu neles.*

Jesus fez essa prece magnífica e íntima ajoelhado. Moisés ensinara que os hebreus rezam de pé e em voz alta, com braços esticados como se contemplando uma divindade implacável à distância de um Himalaia. Jesus adotou a postura de uma criança ajoelhada à altura da coxa ou do colo de um pai: a prece devia ser silenciosa, secreta, privada. O modo de fazer a prece era característica dos ensinamentos de Jesus, de reverter todas as suposições. Ele virou o mundo, que era errado e falso, de cabeça para baixo e o colocou de pé. Quando ensinava aos discípulos, e às pessoas em geral, como se comportar, havia uma chocante inversão de valores, que deve ter causado espanto. Produziu uma série de preceitos, conhecidos como Beatitudes, que fazem parte do Sermão da Montanha em Mateus 5:3-12 e do Sermão da Planície em Lucas 6:20-23. Eles devem ser vistos junto com outras admoestações de Jesus dispersas pelos Evangelhos, que ele transmitiu como um guia para a vida e seus problemas materiais. O mundo estava invertido, e pobreza e humildade substituídas por orgulho, ambições, hierarquias e a busca de poder, dinheiro e prazer.

Precisamos ter em mente que a terra na qual Jesus pregou era um lugar de contrastes, com frequência violentos. O reinado longo e economicamente bem-sucedido de Herodes, o Grande, produzira prosperidade para muitos e grande riqueza para alguns poucos. O fim da pirataria, a expansão do comércio e a estabilidade do novo Império Romano haviam tornado possível aos comerciantes criar fortunas rapidamente e a fazendeiros cautelosos se sair bem ano após ano. Mas, como Jesus disse, "sempre tereis pobres convosco" (Jo 12:8), e a prosperidade atraíra incontáveis imigrantes do norte e do leste que compunham bolsões de pobreza por toda parte. Os judeus cuidavam de seus próprios pobres — eram mais conscientes nesse sentido que qualquer outro povo —, mas pedintes, aleijados, leprosos, dementes e confusos eram onipresentes. Mais ainda, a própria caridade era fonte de orgulho. Jesus sempre insistiu não no ato, por mais virtuoso que parecesse, mas no sentimento por trás dele. Viu que o homem de sucesso transformado em filantropo podia ser um monstro de arrogância, assim como a pobreza gerava mesquinhez, violência e crueldade. O que ele buscava era os "pobres de espírito", uma nova expressão que adicionou à linguagem humana, significando aquele cujos pensamentos estavam acima das coisas materiais e cuja mente simplesmente não fazia cálculos em termos de bens.

Daí "Felizes os pobres de espírito, porque deles é o Reino dos Céus" ser a primeira das beatitudes relacionadas por Jesus no quinto capítulo de Mateus. Aqueles que sofrem serão confortados, os mansos herdarão a terra, os com fome e sede de justiça serão saciados, os misericordiosos alcançarão a misericórdia, os puros no coração verão a Deus, os que promovem a paz serão chamados de filhos de Deus e os perseguidos por causa da justiça irão diretamente a Deus. Lucas repete a ideia central desse ensinamento, mas acrescenta uma série de alertas dirigidos àqueles com ambição de lucros no mundo (6:24-26). Muitos deles irão prosperar, mas apenas neste mundo, não no próximo. "Ai de vós, ricos, porque já tendes a vossa consolação! Ai de vós, que agora estais saciados, porque tereis fome! Ai de vós, que agora rides, porque conhecereis o luto e as lágrimas!" Jesus disse que eles deveriam se preocupar particularmente "quando todos vos bendissessem". Isso significaria que havia algo fundamentalmente falso sobre o que estavam fazendo, dizendo ou pensando.

Um ensinamento duro, difícil de seguir e totalmente novo. Não tinha equivalente no Velho Testamento nem em qualquer das literaturas sapienciais devotas do antigo Oriente Próximo. E segundo Lucas, Jesus as fez acompanhar de máximas ainda mais difíceis (6:27-29): "Amai os vossos inimigos, fazei o bem aos que vos odeiam, bendizei os que vos amaldiçoam, orai por aqueles que vos difamam. A quem te ferir numa face, oferece a outra; a quem te arrebatar o manto, não recuses a túnica." Acima de tudo, disse a eles, hesite em criticar outras pessoas: "Não julgueis, para não serdes julgados; não condeneis, para não serdes condenados; perdoai, e vos será perdoado." (6:37)

Em todos esses ensinamentos, Jesus reafirmava que não importavam tanto as ações exteriores, mas os sentimentos interiores. Em uma importante passagem em Mateus (5:21-48; 6:1-34), Jesus insistiu em que sentimentos ruins que se desenvolvessem sem restrição levariam a grandes pecados.

Sempre foi óbvio que matar era errado, argumentou ele. "Eu, porém, vos digo: aquele que se encolerizar contra seu irmão terá de responder no tribunal." Era errado agredir ou ofender outro homem, e "aquele que chamar ao seu irmão 'Cretino' (...) terá de responder na Geena de fogo". Assim, soluciona conflitos, "vai (...) reconciliar-te com teu irmão" e "assume logo uma atitude conciliadora com o teu adversário, enquanto estás com ele no caminho". Claro que o adultério era errado — todos sabiam disso. "Eu, porém, vos digo: todo aquele que olha para uma mulher com desejo libidinoso já cometeu adultério com ela em seu coração." Jurar era errado, e ele deu exemplos a evitar. A fala devia ser simples e direta: "Seja o vosso 'sim', sim, e o vosso 'não', não. O que passa disso vem do maligno." O velho ditado "Amarás o teu próximo e odiarás o teu inimigo" era errado. "Eu, porém, vos digo: amai os vossos inimigos, e orai pelos que vos perseguem." Ele implorou aos que o ouviam para que fizessem isso, pois "desse modo vos tornareis filhos do vosso Pai que está nos Céus, porque ele fez nascer o sol igualmente sobre bons e maus e cair a chuva sobre justos e injustos". E continuou: "Portanto, deveis ser perfeitos como o vosso Pai celeste é perfeito." Esmolas deviam ser dadas em segredo, não publicamente: "Não saiba tua mão esquerda o que faz a direita." Não desfile sua prece na rua, "entra no teu quarto e, fechando tua porta, ora a teu Pai que está lá". Ao jejuar, não adote um ar sombrio, siga em frente normalmente — faça sacrifícios, como as preces, em segredo.

A transitoriedade e a falta de sentido do mundo, quando comparados com a solidez e a permanência do céu, era um tema ao qual ele retornou repetidamente. "Não ajunteis para vós tesouros na terra, onde a traça e o caruncho os corroem e onde os ladrões arrombam e roubam, mas ajuntai para vós tesouros no céu (...) pois onde está teu tesouro aí estará também teu coração." Não se preocupe com comida, bebida ou roupas: “Não é a vida mais que o alimento, e o corpo mais do que a roupa?” O Pai sabe do que você precisa, e providenciará. “Buscai, em primeiro lugar, seu Reino e sua justiça, e todas essas coisas vos serão acrescentadas. Não vos preocupeis, portanto, com o dia de amanhã (...). A cada dia basta o seu mal.”

Muitos dos ditos de Jesus, como registrados em Mateus e Lucas, se tornaram máximas conhecidas nossas desde a infância. Mas elas eram perturbadoramente novas em sua época. Provocavam reflexão, espanto, muitas vezes raiva, medo, dúvida — e excitação. Quando Jesus pregava nos campos, fazia homens e mulheres discutir e pensar. Marcos nos diz que quando perguntaram a Jesus qual era o Grande Mandamento, ele citou o Deuteronômio: “Amarás o Senhor teu Deus de todo teu coração, de toda tua alma, de todo teu entendimento, e com toda a tua força.” E acrescentou uma determinação do Levítico: “Amarás o teu próximo como a ti mesmo”. Foi Jesus quem pela primeira vez somou essas duas determinações do Velho Testamento, fazendo delas o cerne da vida boa — “Não existe outro mandamento maior do que este.” O escriba que fizera a pergunta a ele percebeu a inovação e comentou admirado que a resposta de Jesus “vale mais que todos os holocaustos e todos os sacrifícios”. A isso Jesus respondeu: “Tu não estás longe do Reino de Deus.” (12:28-34) Pois nem todos os escribas eram cegos e tolos, e Jesus sempre era capaz de reconhecer os decentes.

Quando perguntaram a Jesus “Quem é meu próximo?” (Lc 10:29), sua resposta foi: todos. Ele transformou a compaixão, que todos nós de tempos em tempos sentimos por uma determinada pessoa, em um enorme e abrangente evangelho de amor. Ensinou o amor à humanidade como um todo. A palavra grega para isso é *philanthropia,* “filantropia”, que desde então foi transformada em banalidade pelo uso e manchada pelo uso equivocado. Ela não existia como conceito na época de Jesus. A ideia de amar toda a humanidade não ocorrera a ninguém, grego ou bárbaro, judeu ou gentio. A compaixão — o amor — de todos era seletiva. Os gregos eram ensinados a odiar os bárbaros, assim como os judeus eram ensinados a odiar gentios e samaritanos. Os romanos desprezavam os povos que conquistaram. Todos os homens e mulheres livres odiavam e temiam os escravos. Aristóteles, talvez o homem mais sofisticado e iluminado de sua época, desprezava os escravos como meras "máquinas animadas". Nesse sentido, o clima intelectual, social e racial da época de Jesus era implacavelmente hostil à sua mensagem. A sociedade na qual estava era aquela em que judeus devotos ensinavam e eram ensinados que gentios sem a lei eram amaldiçoados. O que ele tentou mostrar foi que a compaixão literalmente não tinha limites. Do contrário, era falsa. A benevolência não tinha sentido se não fosse universal. Esse era um novo mandamento tão importante quanto qualquer outro no Decálogo, ou todos eles juntos. Deus era o modelo. Ele amava *todos* os seres humanos. E qualquer um que fizesse distinções e estabelecesse exceções com base em nacionalidade, raça, crença religiosa, opinião, idade, sexo, profissão ou histórico de pecados passados não chegaria ao Reino de Deus. Ao contrário, encontraria seus portões fechados.

Uma das principais razões pelas quais o cristianismo posteriormente se disseminou pelo mundo é que o próprio Jesus era um universalista. "Eu (...) atrairei todos a mim", disse ele em João 12:32. Insistiu: "Pois Deus amou tanto o mundo (...) para que todo o que nele crê não pereça, mas tenha a vida eterna." Deus o enviara à terra não para condenar o mundo, ou qualquer parte dele, "mas para que o mundo seja salvo por ele" (Jo 3:16-17). Não há restrições ou qualificações nessa missão universal. Quando deu aos apóstolos suas instruções finais sobre as atividades missionárias que os aguardavam, não estabeleceu limites geográficos, sociais, nacionais ou raciais. "Ide por todo o mundo, proclamai o evangelho a toda criatura." (Mc 16:15; Mt 28:19)

Esse universalismo de Jesus se estendeu de sua Encarnação à Crucificação. Sua mãe era judia de nascimento, mas seu pai era Deus, pairando acima de todas as distinções pessoais. Ele não tinha casa, país, raça, nenhuma característica o ligando a uma tribo, nação ou local. Pertencia ao Reino, fora do tempo e do espaço. Mas estava unido a todos os homens pelo amor. Era filantropia — o amor ao homem — encarnada, e seu sacrifício na cruz foi o ato supremo de filantropia de sua vida na terra e de todos os tempos. "Ninguém tem mais amor do que aquele que dá a vida por seus amigos." (Jo 15:13) Mas por amigos ele queria dizer todos, sem exceção. Não havia nada excludente em Jesus e seus ensinamentos. Sua mensagem foi a mais inclusiva de todas. Ninguém antes, e ninguém depois, abriu os braços de forma tão confiante, calorosa e de fato natural para toda a raça humana.

V

Poesia e parábolas, perguntas e silêncio

O apelo dos ensinamentos de Jesus é suficientemente claro. Aonde quer que ele fosse durante boa parte dos três anos, atraía grandes multidões. Não que sua mensagem fosse popular, embora muito dela fosse. Mas parte dela continha grandes exigências e estabelecia um alto patamar de virtude e sacrifício pessoal. Ainda assim seus ensinamentos hipnotizavam. Todos podiam ouvir, embora ele com frequência falasse para multidões ao ar livre. Então, sua voz era clara e ressoava. Agradava a todos; não cansava. A verdade é que Jesus era menos um retórico, ou pregador, do que um poeta. Ele pensava, raciocinava e falava como um poeta — com imagens, visões e metáforas do mundo natural. Durante todo o tempo que ensinava, criava pequenas imagens nas mentes dos homens e mulheres que o ouviam. Era o poeta da virtude, o bardo da correção, o menestrel do amor divino. Sua fala era uma rapsódia, e, quando exortava, suas palavras formavam palinódias e letras de canções.

É adequado que seu nascimento tenha sido apresentado entre os três poemas que Lucas reproduz em seu Evangelho. São o *Magnificat*, ou canção de louvor, produzido espontaneamente por sua mãe (1:46-55); o *Benedictus*, ou canção da bênção, cantada por sua prima Isabel (1:68-79); e o *Nunc*

Dimittis, ou adeus espiritual de Simeão, um velho servo do Templo (2:29-32). Todos foram musicados muitas vezes e são ditos em idiomas civilizados. A poesia de Jesus era a poesia do discurso, mais que das rimas. De fato, algumas vezes era ritmada. Assim, as beatitudes como apresentadas em Mateus 5:3-12 são marcadas pelo que estudiosos de poesia chamam de paralelismo sintético, no qual a segunda linha de cada versículo completa o significado da primeira. E em Mateus 11:28--30 há um forte ritmo no belo hino de Jesus ao trabalho, que tomei a liberdade de apresentar em verso:

Vinde a mim todos os que estais cansados sob o peso do vosso fardo
e vos darei descanso.
Tomai sobre vós o meu jugo e aprendei de mim,
porque sou manso e humilde de coração,
e encontrareis descanso para vossas almas,
pois meu jugo é suave
e meu fardo é leve.

As palavras de Jesus algumas vezes ficam nos limites entre prosa e poesia, como nesta passagem (Mt 8:20):

As raposas têm tocas,
e as aves do céu, ninhos;
mas o Filho do Homem não tem onde
reclinar a cabeça.

Em João 21:18 há uma passagem sobre o ancião:

Quando eras jovem,
tu te cingias
e andavas por onde querias;
quando fores velho,
estenderás as mãos

e outro te cingirá
e te conduzirá aonde não queres.

Mesmo quando falta ritmo e a forma é prosaica, as palavras de Jesus nunca se distanciam muito do poético, pois são ricas em metáfora e símile, em comparações vívidas com o mundo natural. Não há meia dúzia de linhas de seus ensinamentos sem uma imagem, com frequência uma inesquecível, que esteve no repertório de escritores de todo o mundo. Objetos inanimados ganham vida, animais assumem forma humana, a natureza fervilha com atividade moral objetiva, e os seres humanos com frequência ganham dignidade, profundidade ou *páthos* graças ao brilho genial das imagens de Jesus. Ouvimos falar em "água viva" (Jo 4:10) e "o cego conduzindo o cego" (Lc 6:39). Jesus deseja reunir os filhos de Jerusalém "como uma galinha recolhe seus pintainhos debaixo das asas" (Lc 13:34). Há uma imagem maravilhosa de um fazendeiro simples que semeia "noite e dia" e "a semente germina e cresce, sem que ele saiba como" (Mc 4:27). Jesus ama árvores solitárias, se erguendo isoladas, a oliveira, a figueira, a vinha, e as usa com ternura. Fala do final do verão e das plantações se tornando brancas. Adora raízes, galhos e folhas, e vê imagens de pessoas em todos eles. Quando utiliza palavras para construir um quadro, é impressionante como com frequência as frases que criou se tornaram parte do mobiliário da literatura. "O vento sopra onde quer e ouves o seu ruído, mas não sabes de onde vem nem para onde vai." (Jo 3:8) E em Mateus 11:7 ele pergunta: "Que fostes ver no deserto? Um caniço agitado pelo vento?" Quando Jesus diz "deixe que os mortos enterrem seus mortos" (Mt 8:22), nos choca. "Não vim trazer paz, mas espada", diz em Mateus 10:34, e nos choca novamente. Tem simpatia por imagens de fogo: "Eu vim trazer fogo à terra, e como desejaria que já estivesse aceso!" (Lc 12:49) Todos os sacrifícios, diz ele em Marcos 9:49, "serão salgados com fogo".

Imagens com sal são outras preferidas: "O sal, de fato, é bom. Porém, se até o sal se tornar insosso, com o que se há de temperar?" (Lc 14:34) Ele disse aos discípulos: "Vós sois o sal da terra" (Mt 5:13), e ouvimos o sal ser jogado sobre a terra arrasada. Repetidamente nos fala sobre as belezas da natureza, de Deus que "veste assim a erva do campo" (Mt 6:30), de lírios tão vestidos pela divindade que "nem Salomão, em toda a sua glória, se vestiu como um deles" (Mt 6:29; Lc 12:27). Há uma passagem fascinante em Lucas na qual um jardineiro sente pena de sua figueira e implora ao dono que não a corte após não ter dado frutos em três anos: "Senhor, deixa-a ainda este ano para que cave ao redor e coloque adubo. Depois, talvez, dê frutos... Caso contrário, tu a cortarás." (13:7-9)

Jesus adora a imagem ou metáfora do cálice que Deus deu a ele e que deve beber: ele a utiliza três vezes (Mt 20:22; Lc 22:20, 42; Jo 18:11). Como já observei, ele fala constantemente de ovelhas e pastores — mais que de qualquer outra imagem rústica: da criação segura das ovelhas, da proteção das ovelhas contra lobos, das diferenças entre o verdadeiro pastor e aquele que faz isso para ganhar a vida, do fato de que o pastor conhece suas ovelhas e elas o reconhecem e à sua voz, do modo como as ovelhas se desgarram e algumas se perdem, e da fidelidade do pastor que deixa o rebanho para procurar a desgarrada e entra em júbilo quando a encontra. Diz Jesus: "Eu sou o bom pastor, conheço as minhas ovelhas e as minhas ovelhas me conhecem." (Jo 10:14; Mt 18:12, 9:36, 26:31; Lc 15:4) Ele também diz "sou a luz do mundo" (Jo 9:5). A luz e seu contraste com a treva é a preferida de todas as imagens de Jesus, que a usa com grande força e paixão. Ele vem, diz, para "realizar as obras daquele que me enviou; vem à noite, quando ninguém pode trabalhar." (Jo 9:4) Todo o Evangelho de João, desde os impressionantes primeiros parágrafos, é um poema épico em prosa à luz. Nesse início, a palavra "luz" é comparada ao conhecimento da verdade de Deus: "a luz verdadeira que ilumina todo homem; ele vinha ao mundo" (1:9). Ao longo de todo o ministério de Jesus há fortes contrastes entre a luz da verdade e a escuridão da ignorância, Satanás e o mal. Jesus sempre esteve ansioso para dar visão ao cego, porque esse ato exemplificava e simbolizava sua missão — "ver" era "saber", reconhecendo a verdade e a seguindo.

O Evangelho de João também deixa claro que nos ensinamentos de Jesus há uma continuidade entre palavra, luz e vida. Jesus veio ao mundo para dizer a palavra: "Quem escuta a minha palavra (...) passou da morte à vida." (5:24) Jesus sempre enfatizou que a morte física de que falamos é apenas "adormecer". A verdadeira morte é o pecado. Por outro lado, "vida" é o futuro Reino, fora do tempo e eterno. No prólogo de João, uma enorme metáfora com a luz é a frase central: "O que foi feito nele era a vida, e a vida era a luz dos homens." (1:4) É uma imagem poética, mas também filosófica. A posição de Jesus como moralista é a de que os seres humanos, a despeito do pecado e de todas as suas fraquezas, têm uma inclinação natural para a verdade. Ela é revelada pela palavra, o Logos, ou seja, Jesus. Essa palavra da verdade atrai os filhos de Deus para a luz como um ímã atrai metais, enquanto simples pedras não se movem. Amar a luz é amar a verdade. É um ponto filosófico profundo, mas, curiosamente, pessoas simples sem instrução o compreendem por instinto, pois também é poético.

Luz e trevas: os Evangelhos são os palcos verbais nos quais a mensagem de Jesus é encenada em um forte claro-escuro, alvoradas graduais explodindo em inundações de luz intensa, nuvens negras se formando em meio a trovões, iluminadas por raios e depois dispersadas — uma treva verdadeiramente satânica que finalmente dá lugar a uma luz tão intensa e penetrante que é verdadeiramente celestial. Trevas e luz são sempre destacadas na missão de Jesus, e, na trágica vida real, culminam na Última Ceia da penumbra, o ocaso da agonia no Jardim de Getsêmani, a escuridão da Crucificação e finalmente o alvorecer do terceiro dia revelando a luz ofuscante da Ressurreição. Acompanhada na metáfora viva, a vida de Jesus é a encarnação da luz, seu aumento, disseminação e recepção, sua extinção e seu milagroso renascer em uma incandescência sem fim.

ESSA É A POESIA DOS ENSINAMENTOS DE JESUS. Mas ele também era um contador de histórias, e sua maneira preferida de contá-las era por meio da parábola. As parábolas são muito importantes no Novo Testamento, e Jesus está tão ligado a essa forma artística que com frequência recebe o crédito de tê-la inventado. Na verdade há parábolas em outros textos do antigo Oriente Próximo e várias no Velho Testamento. Os rabinos anteriores e posteriores a Jesus as utilizavam. Mas seu objetivo era explicar textos difíceis: eram uma ferramenta daquela ciência tediosa e eterna chamada "comentário". A essência das parábolas de Jesus é estimular o pensamento, encorajar as pessoas a pensar por conta própria, resolver mistérios religiosos — um mistério é um segredo revelado por Deus que não seria conhecido caso ele não o revelasse. Uma parábola ajuda a reduzir o problema de expressar coisas sobrenaturais em linguagem natural. Jesus algumas vezes indicou por que se valia de parábolas. Marcos sugere que Jesus fazia uma distinção entre seus discípulos espiritualmente educados e sua congregação geral (4:11ss): "E nada lhes falava a não ser em parábolas. A seus discípulos, porém, explicava tudo em particular." Ao se dirigir a seu eleito, ele disse: "A vós foi dado o mistério do Reino de Deus: aos de fora, porém, tudo acontece em parábolas." Esse episódio, no qual o conhecimento é tratado como um bem, contém o difícil versículo 25: "Pois ao que tem será dado, e ao que não tem, mesmo o que tem lhe será tirado." Isso não parece razoável, além de injusto, se pensado em termos de bens materiais. Mas Jesus fala de compreensão. Aqueles que desenvolvem a habilidade de compreender terão mais, mas aqueles sem compreensão terão de ser privados de seu falso conhecimento para poder começar novamente.

A questão é que os ensinamentos de Jesus, o que chamamos de cristianismo, são ao mesmo tempo uma religião muito mais simples que o judaísmo que Jesus estava superando — o judaísmo tinha inúmeras observâncias, cada uma delas aninhada em um casulo de comentários — e uma mais complexa, pois envolve mudança de coração. Assim, sua prática não pode ser estabelecida por leis: exige um impulso interior. Jesus sempre teve consciência dessa difícil dimensão de seus ensinamentos, e as parábolas eram concebidas para deflagrar o impulso interior. De fato, elas têm um alto grau emocional, e com um propósito. Jesus era totalmente racional, mas também uma pessoa muito emocional, que despertava e reagia a emoções nos outros. A parábola era seu método próprio de despertar e dirigir emoções.

O Evangelho de João não fala das parábolas, embora tenha algumas: a vinha no capítulo 15 e o Bom Pastor no capítulo 10. Há quatro parábolas em Marcos, mas as outras são pequenas comparações. A maioria delas aparece em Mateus e Lucas. Mateus tem oito parábolas sobre o Reino de Deus/dos Céus no capítulo 13, mais outras no capítulo 18 (a ovelha desgarrada e o devedor implacável), capítulo 20 (os trabalhadores na vinha), capítulo 21 (os dois filhos e os vinhateiros), capítulo 22 (o grande banquete) e capítulo 25 (as dez virgens e os talentos). Lucas tem a maioria das parábolas; estão agrupadas nos capítulos 10 a 20 e reunidas por tema: confiança, ansiedade e recompensa; festas; coisas perdidas; uso e abuso da riqueza; oração. É difícil dar um total exato: de sessenta a 65 segundo uma definição, enquanto outra mais rígida reduz o número a quarenta. Mateus e Lucas com frequência dão versões ligeiramente diferentes da mesma parábola.

Sete parábolas aparecem nos sinópticos: o novo tecido no velho casaco, o novo vinho no velho odre, o semeador e os diferentes solos, a lâmpada escondida, a semente de mostarda, a figueira e os vinhateiros. Essas não são necessariamente as mais importantes. De fato, duas obras-primas da parábola, o Bom Samaritano e o filho pródigo, aparecem apenas em Lucas (10:30-37; 15:11-32), assim como outra história impressionante, o homem rico e o pobre Lázaro (16:19-31). A dos trabalhadores na vinha aparece apenas em Mateus, assim como a história sinistra dos vinhateiros e a bela fantasia das dez virgens.

Era uma convenção da parábola ser contada como uma história verdadeira (não importando quão improvável fosse) e os ouvintes a aceitarem como factual. Isso é particularmente importante no caso do Bom Samaritano. Que o viajante "caísse entre ladrões" na estrada de Jericó e fosse roubado, espancado e despossuído era muito provável: a rota leste a partir de Jerusalém era conhecida por esses crimes, como de fato continuava a ser quando eu a percorri pela primeira vez há mais de meio século. Era igualmente provável os sacerdotes e levitas "passando do outro lado". A plateia de Jesus gostava de acreditar que a classe clerical como um todo era hipócrita e egoísta. Mas a compaixão e a generosidade do mercador samaritano — que não apenas cuidou do homem em apuros como arranjou para que ele recebesse cuidados na estalagem e pagou por suas acomodações até estar curado — tinham de ser críveis. Os samaritanos eram odiados pelos judeus — não menos pelo povo da Galileia, separada da Judeia por Samaria — com uma paixão irracional e de difícil compreensão por nós. Era uma fúria quase religiosa e uma forma local de racismo do tipo mais feroz. Jesus contou essa história em resposta à pergunta "quem é meu próximo?". Contou tão bem, e de forma tão convincente, que o Bom Samaritano penetrou na história e na literatura, na arte e no teatro, como o vizinho ideal do homem em apuros. Jesus estava ilustrando o princípio universalista que é talvez o elemento mais importante em sua mensagem social: somos todos vizinhos uns dos outros, e nosso companheirismo humano depende de gentileza e caridade, não de tribo ou raça, cor ou nacionalidade. A história tinha como objetivo chocar uma plateia judaica e levá-la a reconhecer essa verdade, e chocou, porque sua verossimilhança habilidosa a fez acreditar. É uma história enobrecedora contada com nobreza: por mais de dois milênios pessoas de países de todo o mundo, para quem o termo não tinha significado além da parábola, buscaram ser o "Bom Samaritano".

A história tem um significado secundário: como 12 outras parábolas, ela lida com a questão do dinheiro. A Palestina do século I era uma economia monetária; não sabemos nada acerca de escambo. Ademais, como Jerusalém era um centro de peregrinação anual para o enorme número de judeus que vivia no Império Romano, circulavam muitas diferentes moedas de cobre, ligas, prata e mesmo ouro. Os cambistas do Templo eram necessários para permitir aos peregrinos comprar as pombas e os cordeiros para seus sacrifícios — a queixa de Jesus era que eles haviam tomado conta do recinto do Templo. Jesus tinha uma postura resoluta com relação a dinheiro, comércio e riqueza. Sua simpatia era para com os pobres, como testemunham muitas parábolas. Ele nunca cometeu o erro de supor que a pobreza tornava as pessoas virtuosas. Mas tinha uma dolorosa consciência de que a riqueza oferecia infinitas oportunidades para a corrupção. A parábola do homem rico e do pobre Lázaro, tão bem-recontada em Lucas 16:19-31, mostra como a riqueza pode se apossar da vida de uma pessoa descuidada e permissiva que "se vestia de púrpura e linho fino e cada dia se banqueteava com requinte". Em oposição, Lázaro, que era doente — "os cães vinham lamber-lhe as úlceras" —, vivia à porta do rico para pegar as migalhas que caíam de sua mesa. Jesus ensinou que há "um grande abismo estabelecido" entre ricos e pobres neste mundo, e que os ricos que não fazem nada a respeito dele irão descobrir que o abismo existe no próximo mundo, onde os pobres serão "consolados" e os ricos "atormentados". Lucas 15:8-9 conta a história da mulher que tinha dez moedas de prata, perdeu uma, acendeu a vela e vasculhou a casa diligentemente até encontrá-la, depois chamou amigos e vizinhos e disse: "Alegrai-vos comigo." Jesus não a censura por ser mesquinha ou avara — deduz que era pobre e a moeda perdida era algo sério —, mas usa a história para fazer a moeda perdida representar a "alegria diante dos anjos de Deus por um só pecador que se arrepende". A ideia geral de Jesus em relação à riqueza é que tudo depende do que é feito com ela. Como o filósofo da filantropia universal, processo pelo qual o instinto da compaixão é aplicado em geral à humanidade, Jesus estava ansioso para encorajar todos os que tinham riqueza a distribuir uma parcela generosa dela aos pobres. Ele não supunha tolamente que a pobreza podia ser erradicada em sua vida por intermédio de reformas, muito menos por caridade (de fato, ele admitiu que "sempre tereis pobres convosco" ao estimular uma mulher a ungi-lo com um unguento precioso). Mas insistiu que era correto a todos exercer a caridade, mesmo tendo parcos recursos: uma das imagens mais tocantes do Novo Testamento é a da pobre viúva que insistiu em contribuir com "duas moedinhas, isto é, um quadrante" para o tesouro do Templo (Mc 12:42). Era tudo o que ela tinha para gastar a cada dia.

Ao contar a parábola do Bom Samaritano, Jesus descreve um caso em que o dinheiro produz virtude. Aquele mercador era trabalhador e frugal. Fazia bons negócios e usava o rendimento para ajudar sua própria família e os outros. Um homem de menos sucesso talvez sentisse compaixão pelo viajante espancado, mas pouco pudesse fazer. O samaritano ganhara e poupara os recursos para permitir ao pobre homem se recuperar por completo, e os usara para isso. Era dinheiro ganho com honestidade e gasto com justiça.

Muitas das parábolas lidam com a questão do perdido e do encontrado, uma das imagens preferidas de Jesus; ele a usava como uma variação das metáforas de luz e trevas. Pouco depois de Lucas apresentar a história da mulher que perdeu sua moeda de prata, acrescenta a história do filho pródigo, talvez a mais iluminada das histórias contadas por Jesus. Ela levanta muitas questões, um dos motivos pelos quais produziu muitos comentários e foi tema de mais ilustrações por artistas que qualquer outra parábola. O filho mais moço de um homem rico exige sua parte na herança, a recebe e depois gasta em uma "vida devassa" em uma "região longínqua". Vem a fome e fica carente. Torna-se pastor de porcos e "queria matar a fome com as bolotas que os porcos comiam". Ele se arrepende, conclui que pecou contra Deus e seu pai e decide voltar para casa com humildade e dizer: "Já não sou digno de ser chamado teu filho. Trata-me como um dos teus empregados." Em vez disso, quando o pai o vê "ainda ao longe", recebe o filho de braços abertos e mata o novilho cevado para uma festa de ação de graças. O filho mais velho bem-comportado protesta em nome da justiça. Mas o pai diz a ele: "Tu estás sempre comigo, e o que é meu é teu. Mas era preciso que festejássemos e nos alegrássemos, pois esse teu irmão estava morto e tornou a viver; ele estava perdido e foi reencontrado!"

O ponto básico da parábola, portanto, é o arrependimento do pecador e a alegria que isso causa ao justo. Jesus com frequência insiste em que o retorno do penitente produz mais júbilo nos céus do que a bondade de muitas pessoas valorosas. Isso talvez seja injusto — e certamente o filho mais velho pensava assim. Mas o céu diz mais respeito à misericórdia que à justiça. Apenas em termos de justiça ninguém seria salvo, mas, graças à infinita misericórdia de Deus, mesmo os piores pecadores têm uma chance, desde que admitam os erros e lutem para levar uma vida diferente. Mas a história é tão realista, e os três homens envolvidos surgem tão claramente em alguns poucos recursos narrativos brilhantes, que provocou comentários sem fim. O pai não é tolo, ou pelo menos negligente? Primeiramente tolo por dar a parte a seu filho em busca de dissipação: ele inevitavelmente iria gastá-la. Negligente por não ter informado ao filho mais velho, que estava dando duro nos campos, que o irmão pródigo retornara e uma festa era preparada. Em vez disso ele segue em frente e o bom filho só toma conhecimento quando volta do trabalho, cansado e suado, e ouve o som de "músicas e danças". Não espanta que tenha ficado "com muita raiva e não queria entrar". Suspeita-se que o pródigo sempre foi o preferido do pai — e começamos a pensar o que acontecerá a seguir. As tolices vão recomeçar? O filho bom, exasperado, finalmente vai cobrar sua parte e criar sua própria fazenda? Também pensamos na mãe e em sua ausência. Morta? Marginalizada e insignificante? Ou eram duas as mães? As suposições despertadas pela história são infinitas: um claro sinal de que é boa.

Mas muitas parábolas levantam questões que ficam sem respostas. Jesus adorava o convívio com os outros, porém, embora pudesse condenar o rico por festejar de forma suntuosa toda noite — sabendo que havia um homem faminto à sua porta —, nunca condenou a hospitalidade generosa. Muitas de suas lições mais reveladoras foram dadas ao redor de mesas lotadas, e com frequência usava festas para provar suas teses. O capítulo 14 de Lucas é sobre duas delas. Ele usa a primeira para insistir no ponto de que a presunção é punida e a modéstia, recompensada — se você assumir uma posição injustificável em uma festa será rebaixado, ao passo que, caso se humilhe, poderá ouvir: "Amigo, vem mais para cima", "pois todo aquele que se exalta será humilhado, e quem se humilha será exaltado" (14:10-11).

Isso é direto. Mas o que pensar da parábola imediatamente seguinte (14:16-24): "um homem dava um grande jantar e convidou a muitos"? Mas seus convidados dão desculpas e não comparecem: o "homem" não era tão popular quanto acreditava ser. Então, como a comida havia sido comprada, enviou seus servos à rua para convidar "os pobres, os estropiados, os cegos e os coxos". E quando ainda assim seu palácio continuou vazio, ordenou aos servos ir "pelos caminhos e trilhas, e obriga as pessoas a entrarem, para que a minha casa fique repleta". A festa claramente é uma imagem do Reino dos Céus, mas os detalhes confundem. Santo Agostinho usou a frase "obriga as pessoas a entrarem" para justificar a conversão forçada de hereges. O senhor raivoso diz: "Nenhum daqueles que haviam sido convidados provará o meu jantar." Mas por que deveríamos supor que haviam mudado de ideia e decidido comparecer? Por que se ressentiam dos pobres ocupando os lugares que originalmente eram seus? Algumas vezes sentimos que uma parte da parábola foi omitida. Assim, a história do servo cujas dívidas são perdoadas pelo rei, mas depois tem um subordinado jogado na prisão por dívidas comparáveis, ilustra o princípio de "fazer o que gostaria que lhe fizessem". Mas o modo como Mateus (18:23-35) conta é seco, e a raiva do rei ao entregar o servo injusto aos verdugos é impiedosa. Na parábola dos vinhateiros em Lucas 20:9-20, o comportamento deles é tão ultrajante ao proprietário — primeiramente agredindo seus servos, depois matando seu filho e herdeiro — que a verossimilhança desaparece, e na mesma proporção o interesse. O senhor destrói os agricultores e dá o vinhedo a outros. A moral é a mesma do grande banquete, e Jesus diz à sua plateia: "A pedra que os edificadores tinham rejeitado tornou-se a pedra angular? Aquele que cair sobre essa pedra se quebrará todo, e aquele sobre quem ela cair será esmagado." Lucas diz que "os escribas e os chefes dos sacerdotes" acreditaram que Jesus "contara essa parábola a respeito deles", e "procuravam deitar a mão sobre ele naquela hora". Daí concluímos que a parábola não era de aplicação geral, mas dirigida especificamente a um grupo especial de pessoas más.

Mas o que dizer do administrador injusto em Lucas 16:1-8? Enfrentando a demissão por ter dissipado os bens do seu senhor, ele usa os recursos para comprar favores entre os credores, de modo que "uma vez afastado da administração, tenha quem me receba na própria casa". Não havia outra forma de viver: "Cavar? Não tenho força. Mendigar? Tenho vergonha." "O senhor louvou o administrador desonesto por ter agido com prudência. Pois os filhos deste século são mais prudentes com sua geração que os filhos da luz." A explicação posterior de Jesus sobre a mecânica moral da parábola — pelo menos como registrada por Lucas, que pode tê-la distorcido ou omitido um detalhe fundamental — não ilumina, embora sua moral final seja absolutamente clara e sensível: "Ninguém pode servir a dois senhores: com efeito, ou amará um e odiará o outro, ou se apegará a um e desprezará o outro. Não podeis servir a Deus e ao Dinheiro." (16:13) Jesus parece estar condenando a avareza, pois no versículo 14 Lucas acrescenta: "Os fariseus, amigos do dinheiro, ouviram tudo isso e zombavam dele." Jesus então estabelece uma clara distinção entre "os que querem passar por justos diante dos homens" e Deus, que "conhece os corações". Jesus concluiu de forma grandiosa: "O que é elevado para os homens é abominável diante de Deus." (16:15)

Eis um caso em que a moral é excelente, mas a história que conduz a ela é misteriosa. A história das cinco virgens insensatas e das cinco virgens sábias e suas lamparinas de óleo é clara e deliciosa (Mt 25:1-13). Mas as virgens sábias são más e não partilham seu óleo com as tolas; e o noivo atrasado é injusto ao deixar as tolas do lado de fora. Mas a moral é pertinente: "Vigiais, portanto, porque não sabeis nem o dia nem a hora." A parábola dos talentos que surge a seguir (Mt 25:14-40) é semelhante à história do administrador injusto de Lucas. Aceita como um fato da vida a economia mundana, louva o empréstimo a juros altos e cita a sabedoria de um senhor que colhe "onde não semeou". Inclui o famoso versículo 29: "Porque a todo aquele que tem será dado e terá em abundância, mas daquele que não tem, até o que tem lhe será tirado." Diferentemente do que acontece em Marcos 4:25, nesse caso Jesus não está falando de conhecimento, mas de propriedade. Jesus acrescenta: "Quanto ao servo inútil, lançai-o fora, nas trevas. Ali haverá choro e ranger de dentes!"

Essa, compreendemos, é a sabedoria do mundo. Pois Jesus imediatamente se volta para o julgamento em que o espiritual é diferenciado do mundano: "E porá as ovelhas à sua direita e os bodes à sua esquerda." (Mt 25:33) Ele diz à ovelha: "Vinde, benditos de meu Pai, recebei por herança o Reino preparado para vós desde a fundação do mundo." (25:34) Jesus prossegue, explicando que aqueles neste mundo que alimentam os famintos e sedentos, abrigam em casa estranhos, vestem os nus, visitam os doentes e os prisioneiros serão recompensados, e destaca que "a cada vez que o fizestes a um desses meus irmãos mais pequeninos, a mim o fizestes" (25:40).

Vistas em conjunto as parábolas são uma enorme dicotomia de contrastes expressos em histórias e imagens. Trevas e luz, este mundo e o próximo, exposição exterior e bondade interior, ovelhas e bodes, sabedoria material e simplicidade espiritual, riqueza em bens e pobreza em espírito, malícia e inocência. Há sinais de que quando Jesus contava suas histórias as pessoas que escutavam pediam mais. Assim, as parábolas devem ser vistas em grupos e em sua totalidade para que seus significados fiquem claros e consistentes. Jesus algumas vezes era sutil e misterioso, e mesmo obscuro quanto a detalhes, mas sua distinção entre certo e errado sempre fica clara antes que chegue ao fim. Ele deixava seus ouvintes conversarem e discutirem. Esse era seu objetivo. Seu dom era não apenas ensinar, mas encorajar as pessoas a ensinar umas às outras, levar a sério a questão de o que é a vida boa e a discutir sinceramente.

Isso nos leva a duas características de Jesus que se apresentam fortes a partir da linguagem dos Evangelhos. A primeira, seu hábito de fazer perguntas. Talvez tenha adquirido isso em seu estudo dos textos sagrados. O Velho Testamento está repleto de indagações. Deus com frequência faz perguntas, normalmente difíceis. A pergunta é parte da forma artística do livro de Jó, e usada por Iahweh para transmitir um enorme volume de informação e traçar seu poder. Apenas no capítulo 38 de Jó o Senhor faz 58 perguntas, de "Quem é esse que obscurece meus desígnios com palavras sem sentido?" (38:2) a "Onde estavas quando lancei os fundamentos da terra?" (38:4). Fazer perguntas também era parte do método de ensino de Jesus. Ele falava com grande autoridade e tinha muito a transmitir, mas era ansioso para, se possível, extrair o conhecimento e os pensamentos daqueles que o ouviam, especialmente de seus discípulos. "Quem dizem os homens que eu sou?" (Mc 8:27) é uma pergunta característica de Jesus. Marcos o apresenta constantemente fazendo perguntas. Assim, antes de alimentar os cinco mil ele indaga: "Quantos pães tendes?" (6:38) Na mesma oportunidade, João coloca Jesus questionando a Filipe: "Onde arranjaremos pão para eles comerem?" (6:5) Jesus era um professor inclusivo, uma pessoa inclusiva em geral, que constantemente buscava atrair todos os presentes para a discussão, para elucidar a verdade, perceber a realidade. Em Marcos ele introduz a parábola da semente de mostarda com uma dupla pergunta: "Com que compararemos o Reino de Deus? Ou com que parábola o apresentaremos?" (4:30) Quando, no começo de seu ministério, pouco após seu batismo, ele vê André e outro o seguindo, interroga: "Que procurais?" (Jo 1:38) Suas perguntas aos que lhe são íntimos são muitas vezes profundas, pungentes, quase súplicas. Quando muitos consideram sua doutrina sobre o pão da vida difícil demais — "Essa palavra é dura! Quem pode escutá-la?" — e partem, Jesus pergunta: "Isso vos escandaliza? E quando virdes o Filho do Homem subir aonde estava antes?" Quando "muitos de seus discípulos voltaram atrás e não andavam mais com ele", Jesus disse aos Doze: "Não quereis também vós partir?" (Jo 6:60-67) (Imediatamente depois, referindo-se a Judas Iscariotes, ele pergunta: "Não vos escolhi eu, aos doze? No entanto, um de vós é um Diabo!" [6:71]) Chega mesmo a fazer perguntas como "Há quanto tempo estou convosco e tu não me conheces, Filipe?" (Jo 14:9). E, finalmente, "Me amai?". Depois da Ressurreição, ele pergunta a Maria Madalena: "Mulher, por que choras? A quem procuras?" (Jo 20:15) O que todas essas perguntas — e há muitas outras registradas — têm em comum é que Jesus sabe as respostas antes mesmo de fazê-las. A função delas é estender a mão com interesse, afeto. São uma forma de abraço, mesmo quando críticas.

Igualmente característicos, embora usados com vários objetivos, são os silêncios de Jesus. Embora um professor, um expoente, um homem que considerava seu principal dever na vida discursar, Jesus usava eficientemente perguntas e o silêncio para transmitir sua mensagem. Suas perguntas com maior frequência eram declarações e transmitiam informação. Do mesmo modo seus silêncios eram uma forma de discurso mudo. E com frequência tinham um peso que as palavras não podiam transmitir. Há uma passagem no *Sartor Resartus* de Thomas Carlyle com uma aplicação especial ao ministério de Jesus: "O discurso é do tempo, o silêncio é da eternidade. O pensamento não opera a não ser no silêncio. Nem a virtude opera exceto em segredo." Até os trinta anos de idade Jesus ficou em silêncio, ou pelo menos não foi registrado — e não há indício de que ele desejasse o contrário. Ficou virtualmente em silêncio durante suas tentações, até o final. Ficou em silêncio durante seu batismo. Em silêncio quando transformou água em vinho em Caná. De fato, normalmente estava em silêncio durante seus milagres, exceto ao ordenar o aleijado a andar e ao morto se erguer. E gostava de silêncio acerca deles. Normalmente mantinha silêncio sobre seus poderes, exceto quando necessário, e sobre sua divindade, já que era importante estabelecer a natureza de seu caráter como homem. Quando ouviu "Tu és o Cristo, o filho do Deus vivo" (Mt 16:16), mais uma vez permaneceu em silêncio. Ele normalmente respondia com o silêncio a perguntas diretas. Preferia dar como resposta o pensamento que as palavras. Ele exprime o silêncio da vergonha quando apresentado à mulher apanhada em adultério: vergonha não do seu pecado, mas dos pecados daqueles que desejavam apedrejá-la até a morte. Prefere escrever as vergonhas deles no pó a pronunciá-las. Em todo o incidente, um dos mais realistas e comoventes do Novo Testamento, ele usa apenas quatro frases: "Mulher, onde eles estão? Ninguém te condenou?" e "Nem eu te condeno. Vai, e de agora em diante não peques mais" (Jo 8:10-11). Ele silencia sobre horrores: na morte de João Batista, por exemplo. Silencia, com indignação, perante Caifás. Mostra o silêncio do desprezo diante de Herodes Antipas. Em seu sofrimento físico, ele silencia, absorto e com piedade de seus agressores e escarnecedores. Seu silêncio na cruz foi tão impressionante quanto suas raras palavras, os sete últimos ditos.

Jesus, o professor, é eloquente mas sucinto. É incomum flagrá-lo usando duas palavras quando uma bastava. As ideias, e sua intensidade, transmitidas nos ensinamentos e parábolas, são marcantes pela economia de palavras. Mas não transmitem a impressão de ab-ruptude ou brevidade. A forma é invariavelmente relaxada. Os detalhes sempre presentes quando necessários. Mas também os silêncios são uma parte essencial do ministério. Seu discurso era de prata, mas seus silêncios tinham peso de ouro.

VI

Encontros: homens, mulheres, crianças, idosos

Embora Jesus constantemente se dirigisse a multidões em sinagogas, ao ar livre ou em casas particulares superlotadas, falava diretamente a cada indivíduo que compunha a plateia. Era seu dom e também sua filosofia. Cada ser humano era uma entidade única e inestimável amada por Deus como uma pessoa, de modo que, como disse Jesus, “até mesmo os cabelos de vossa cabeça estão todos contados” (Lc 12:7). O amor de Jesus pelas pessoas, como indivíduos, era de certa forma sua característica mais impressionante. Nunca se cansava de falar com elas e descobrir seus segredos. Elas eram atraídas para ele e se dispunham a revelá-los. Sua vida foi uma série de reuniões públicas pontuadas por encontros casuais que se tornaram acontecimentos significativos. Jesus não apenas encorajava esses encontros; ele os valorizava. Lembrava de cada palavra dita. Claramente os relatou a seus discípulos, e foi assim que chegaram aos evangelistas, que os registraram para nós. Pois na maioria deles Jesus e o indivíduo envolvido estavam sós — mesmo com uma multidão falante e agitada os cercando. Esses episódios, embora muitas vezes breves, formam o cerne humano do Novo Testamento e dão uma satisfação única ao leitor. Não há nada como eles em toda a literatura do mundo antigo, sagrado ou secular.

O encontro de Jesus com André imediatamente após seu batismo é um aperitivo. É André quem vai a ele (com um companheiro não identificado). Havia algo na aparência de Jesus, o modo como se portava, a firmeza de seu olhar, que atraía as pessoas. Sentiam que estava aberto, que as receberia como amigas e conversaria com elas. De fato, a manifesta e responsável afabilidade de Jesus era sua qualidade mais impressionante, e ficou clara desde o início. Ele a dirigia a todos e fazia com que cada um se sentisse escolhido e valorizado. Mas não havia nada de profissional nisso. Vinha do coração — não há como duvidar. Segundo João 1:37-42, quando André e seu amigo seguiram Jesus, ele se virou e disse: "Que procurais?" André retrucou: "Rabi, onde moras?" Ao que Jesus respondeu: "Vinde e vede." Eles "permaneceram com ele aquele dia. Era a hora décima, aproximadamente". O momento exato em que André conheceu Jesus não é obviamente relevante, mas de alguma forma parece ser. A amizade amadureceu rapidamente, e André apresentou seu irmão Simão a Jesus no dia seguinte. A amizade foi instantânea, então Jesus imediatamente deu a Simão um novo nome, ou apelido, Cefas (ou Pedro), significando sólido como uma rocha. Também deu a João e Tiago, dois outros irmãos, um apelido: "filhos do trovão" (Mc 3:17). Jesus gostava desses nomes como prova de amizade ou intimidade. Sua utilização internamente selou a camaradagem na enorme missão de virar o mundo de cabeça para baixo, fazendo valores espirituais triunfarem sobre os materiais. É curioso pensar que esse encontro fortuito e inesperado com André desse início a uma longa história que terminaria, para ele e seu irmão, além de Jesus, com a morte na cruz: Simão Pedro pregado de cabeça para baixo, a seu pedido, para não competir com seu mestre divino na dignidade da morte; André martirizado em Patras, Aqueia — amarrado, e não pregado, para prolongar a agonia, em uma cruz cuja forma peculiar se tornou o símbolo da Escócia.

O chamado, por Jesus, de Mateus durante seu trabalho agitado de coletor de impostos na fronteira com a Síria é outro encontro marcante. Esse funcionário, poderoso mas odiado, o seguiu imediatamente. Foi uma amizade instantânea, silenciosa — sem palavras trocadas —, mas forte, e colocou Jesus no centro de outro mundo. Pois Mateus, claramente a pedido de Jesus, levou muitos de seus colegas e amigos para uma festa improvisada na casa onde aquele estava. Foi um enorme sucesso e, de forma importante, chamou a atenção dos judeus ortodoxos e fariseus, que perguntaram aos discípulos: "Por que come o vosso Mestre com os publicanos e os pecadores?" (Mt 9:11) Ao que Jesus retrucou: "Misericórdia quero, e não o sacrifício. Com efeito, eu não vim chamar justos, mas pecadores."

Esse apelo, seguido por uma festa, ilustra o hábito de Jesus, fruto de seu temperamento em parte recolhido, em parte gregário, de fundir encontros íntimos com comunais. Ele adorava ensinar às refeições. Muitas de suas imagens envolvem pão, sua divisão e distribuição, bem como o cálice e a bebida. A Última Ceia foi apenas o clímax impressionante dessa convivência sagrada. Com exceção de espalhar notícias de seus milagres, Jesus era sempre aberto. Gostava de comida. O vinho circulava. A conversa fluía. Mas ele respeitava a necessidade que os outros tinham de privacidade, até mesmo segredo. Um dos seus encontros mais impressionantes foi com Nicodemos, um judeu de alta posição, fariseu e líder espiritual de destaque em sua hierarquia (Jo 3:1-21). "À noite ele veio encontrar Jesus", para não prejudicar sua posição, e Jesus não censurou a covardia. Ao contrário, o recebeu com gentileza e explicou a ele, em palavras memoráveis, o cerne de sua mensagem: o homem precisava "nascer de novo" para ver o Reino. Nicodemos perguntou: "Como pode um homem nascer, já sendo velho? Poderá entrar pela segunda vez no seio de sua mãe e nascer?" A resposta de Jesus foi um apelo à fé: "Pois Deus amou tanto o mundo que entregou o seu Filho único, para que todo o que nele crê não pereça, mas tenha a vida eterna." Disse a Nicodemos que não havia sido enviado "para julgar o mundo, mas para que o mundo seja salvo por ele". Porém, insinuou, mais cedo ou mais tarde teria de se expor. Não poderia fugir da luz: "Pois quem faz o mal odeia a luz e não vem para a luz, para que suas obras não sejam demonstradas como culpáveis." Nicodemos devia ir para a luz "para que se manifeste que suas obras são feitas em Deus". Esse conselho acabou sendo seguido, pois quando o corpo de Jesus foi baixado da cruz, Nicodemos levou "cerca de cem libras de uma mistura de mirra e aloés". Jesus foi ungido com ela, e seu corpo envolvido "em faixas de linho com os aromas", e enterrado em "um sepulcro novo, no qual ninguém fora ainda colocado". Supomos que Nicodemos o tivesse preparado para si mesmo (Jo 19:39-42), embora pudesse pertencer a José de Arimateia, que também ajudou no enterro e rolou a pedra na frente da tumba. Também ele era um dignitário judeu, membro do Sinédrio, o órgão de governo da comunidade, discípulo em segredo.

A amizade com Nicodemos e José exemplifica a amplidão do círculo de Jesus, que incluía todos que haviam sido atraídos para ele, independentemente de sua posição social. Um bom exemplo de sua afabilidade é o caso do funcionário real a serviço de Herodes Antipas que vai implorar pela vida do filhinho (Jo 4:46-53). No início pede a Jesus que vá pessoalmente, mas depois aceita que uma simples palavra de Jesus produzirá o milagre da cura. Jesus garante a ele que sua fé é suficiente, e assim se prova. Essa história tocante é contada por João com grande ternura, o que reflete as palavras do próprio Jesus ditas ao apóstolo e evangelista, pois ninguém mais ouvira o diálogo. No outro extremo do espectro está o exemplo patético do velho aleijado que assombrava a piscina de Betesda havia 38 anos (Jo 5:1-15). Essa piscina medicinal, com seus cinco lances de degraus, ou pórticos, para a água, tinha uma fonte mineral intermitente, e quando a água "se agitava" (algo atribuído a um anjo), uma cura era mais provável, então havia uma competição para ser o primeiro no fluxo depois de um "movimento". O idoso não tinha servos para arrastá-lo para lá suficientemente rápido, então tinha de observar, ano após ano, os outros serem curados, enquanto ele permanecia "doente", como diz João. Jesus o viu lá e parecia saber tudo sobre ele, que não era muito confiável, mas ainda assim foi movido pela piedade. Disse: "Queres ficar curado?" O enfermo respondeu: "Senhor, não tenho quem me jogue na piscina, quando a água é agitada; ao chegar, outro já desceu antes de mim." Jesus disse: "Levanta-te, toma o teu leito e anda!" O homem foi curado "imediatamente". Mais tarde Jesus se deparou com ele no Templo e o reconheceu. Disse: "Eis que estás curado; não peques mais, para que não te suceda algo ainda pior!" O homem falara animadamente sobre sua cura, e isso provocara a ira dos ortodoxos, pois o milagre acontecera no sábado. Alguns interpretam essa passagem como um sinal de ingratidão: o antigo aleijado traiu Jesus falando com autoridades judaicas. Mas isso certamente é errado. O homem havia sido incapaz de circular por quase quarenta anos, e de repente estava livre e ativo. Naturalmente foi a toda parte contando sua história a quem quisesse escutar.

Há um encontro semelhante em João 9:1-38, quando Jesus conhece e cura um jovem cego de nascença. Era pobre e desimportante, e quando tentou contar às pessoas que coisa maravilhosa lhe ocorrera, eles o atacaram. Não era sábado quando foi curado? Como aquilo acontecera? Quem fizera? Não era um pecador violando o sábado? Os ortodoxos disseram: "Dá glória a Deus. Sabemos que esse homem é pecador." Com isso o jovem exclamou, exasperado: "Se é pecador, não sei. Uma coisa eu sei: é que eu era cego e agora vejo." Eles argumentaram, apelando para Moisés e tudo mais, até ele dizer, mantendo em destaque a única coisa que lhe importava — a visão —, que a restaurar de alguém nascido cego nunca havia sido feito antes na história do mundo: "Se esse homem não viesse de Deus, nada poderia fazer." Eles gritaram: "Tu nasceste todo em pecados e nos ensinas?", depois "o expulsaram". Quando Jesus soube, encontrou o jovem e o questionou sobre suas crenças. O jovem respondeu: "Creio, Senhor." E João conclui: "E prostrou-se diante dele." Eis outra história comovente de um breve encontro, com a visão produzindo uma metáfora perfeita para o conhecimento da verdade.

Os encontros de Jesus com mulheres tiveram um significado especial. Elas eram quase invisíveis no antigo Oriente Próximo. Tinham pouco ou nenhum status a não ser que se casassem com governantes, e mesmo então sua posição era precária. Podiam ser descartadas — "afastadas" era o termo empregado em documentos legais — segundo o capricho dos maridos. Se fossem pobres e velhas, não eram nada. Mas não para Jesus. Seus olhos atentos as buscavam em meio à multidão que o cercava. Foi assim que percebeu a velha viúva colocando suas duas moedas na caixa de coleta do Templo. Ele a louvou como um exemplo de como mesmo os mais pobres podiam ter corações generosos. A caridade não era uma prerrogativa fácil dos ricos, mas uma virtude particular dos necessitados e humildes. Só nos resta imaginar se a viúva, tendo dado suas moedas diárias, ainda teria comida até a manhã seguinte. Assim, ela e as moedas entram para a literatura da bondade com a mesma certeza que ela entrou para o Reino. Jesus também podia sentir bondade mesmo quando não podia ver. Assim teve consciência da idosa que tocou suas vestes acreditando que seu sofrimento debilitante seria sanado. Sentiu sua fé. Sua necessidade espiritual a levou a ele, e em resposta seu poder chegou a ela. Depois identificou a mulher e a louvou, e ela se ajoelhou e reconheceu sua divindade. Estava curada, mas, ainda mais importante, entrara para o repertório espiritual dos crentes humildes, aqueles cuja fé na bondade se ergue acima de sua insignificância.

Mas alguns dos encontros de Jesus com mulheres são mais complicados que esses casos simples. Um dos mais fascinantes é seu encontro na fonte de Sicar, na Samaria, com uma mulher do local em que fora buscar água (Jo 4:4-42). O poço havia sido cavado pelo patriarca Jacó e ficava fora da cidade. Jesus e seus discípulos tinham de atravessar a Samaria sempre que iam da Galileia à Judeia, ou vice-versa. Os judeus não podiam ter negócios com samaritanos, considerados amaldiçoados: embora de ascendência hebraica, tinham seu próprio santuário e seus costumes religiosos. Mas esse era exatamente o tipo de dogma religioso que Jesus considerava cruel e irracional. Estando cansado, ele parou junto ao poço enquanto seus discípulos iam à cidade comprar comida. Quando viu a mulher, olhou através dela, e dentro dela, como era seu hábito e seu poder. Pediu a ela água do poço e começou a conversar. Ela viu que era judeu, e estranhou que estivesse disposto a conversar. Mas ficou contente em responder e imediatamente fascinada com a distinção que fez entre a água do poço, que em pouco tempo deixava a pessoa novamente com sede, e a água espiritual da verdade, que era duradoura. Ela disse: "Senhor, dá-me dessa água, para que eu não tenha mais sede, nem tenha de vir mais aqui para tirá-la." Ele disse, talvez com ironia e sorrindo para si mesmo, pois sabia tudo sobre ela: "Vai, chama teu marido e volta aqui." Ela retrucou: "Não tenho marido." Era o que Jesus esperava. Então falou: "Falaste bem, 'Não tenho marido', pois tivestes cinco maridos, e o que agora tens não é teu marido; nisso falaste a verdade." A mulher ficou chocada. Mas não era uma criatura tímida — Jesus sentira isso desde o início — e teve controle bastante para responder: "Senhor, vejo que és profeta." Isso deu a Jesus a chance de explicar que, por mais que os judeus ortodoxos e os samaritanos pudessem ser diferentes, ambos não tinham nada em comum com o que ele chamava de "verdadeiros adoradores" que "adorarão o Pai em espírito e verdade". Pois, acrescentou, "Deus é espírito, e aqueles que o adoram devem adorá-lo em espírito e verdade". A questão de santuários rivais era irrelevante. A mulher respondeu, ansiosa. Sabia que o Messias estava vindo e disse "quando ele vier nos explicará tudo". Jesus começava a explicar — "Sou eu, que falo contigo" — quando seus discípulos, chegando com a comida que haviam comprado, interromperam. Ficaram de fato muito surpresos ao encontrá-lo conversando com a mulher, mas preferiram não o dizer. Em vez disso, o convidaram a comer, mas ele declinou: "Tenho para comer um alimento que não conheceis." Ele queria dizer, claro, que seu encontro com a mulher dera a ele alimento para reflexão: como, ao fazer "a vontade daquele que me enviou" (como definiu), iria incluir estrangeiros como os samaritanos que estivessem ansiosos para aprender.

Enquanto isso a mulher deixara seu cântaro e correra à cidade dizendo a todos os homens (nada nos é dito sobre as mulheres): "Vinde ver um homem que me disse tudo o que fiz. Não seria ele o Cristo?" Os homens, claro, foram e ficaram fascinados com Jesus; convenceram-no a passar dois dias com eles e acreditaram em sua mensagem. A mulher foi colocada em segundo plano: "Já não é por causa de teus dizeres que cremos. Nós próprios o ouvimos." Talvez ela fosse conhecida e nada popular entre suas esposas. Como em muitas outras passagens do Novo Testamento, gostaríamos que mais houvesse sido dito. Qual a explicação para seus arranjos matrimoniais tão incomuns, ou a falta deles? O que mais Jesus dissera sobre sua vida para explicar que tivesse dito "me disse tudo o que fiz"? É estranho que saibamos tanto. Pois ela não conversou com o evangelista João. Jesus deve ter dado a ele a essência de sua conversa com a mulher, que João reproduz. E talvez Jesus tenha omitido muito. Como tal, ela recua para a escuridão da história não contada, para nossa tristeza; mas ficamos com a esperança de que também tenha sido salva, como essa mulher fascinante certamente merecia.

A mulher exótica que conhecemos em Lucas 7:31-48 é igualmente fascinante. A natureza sociável de Jesus e sua disposição de ir a festas e jantares com uma ampla gama de pessoas comuns provocavam comentários e censuras dos devotos. Jesus respondeu a eles, o círculo religioso que chamava de "os homens desta geração", com uma curiosa metáfora: "São como crianças sentadas numa praça, a se desafiarem mutuamente: 'Nós vos tocamos flauta, mas não dançastes! Nós entoamos lamentações, mas não chorastes!'" Ele disse que João Batista não era nem pão nem vinho, mas os homens religiosos se queixaram: "O demônio está nele." Jesus disse: "Veio o Filho do Homem, que come e bebe, e dizeis: 'Eis aí um glutão e beberrão, amigo de publicanos e pecadores.'" Depois acrescentou, misteriosamente: "Mas a Sabedoria é justificada por todos os seus filhos." Nisso, um destacado fariseu chamado Simão o convidou para jantar, e Jesus aceitou. A notícia da festa se espalhou. Diz Lucas: "Apareceu então uma mulher da cidade, uma pecadora. Sabendo que ele estava à mesa na casa do fariseu, trouxe um frasco de alabastro com perfume. E, ficando por detrás, aos pés dele, chorava; e com as lágrimas começou a banhar-lhe os pés, a enxugá-los com os cabelos, a cobri-los de beijos e a ungi-los com o perfume."

Uma cena extraordinária, pois lavar os pés de um homem era um gesto de incomum humildade no antigo Oriente Próximo, altamente simbólico de submissão e devoção. Jesus faria isso a seus discípulos pouco antes de sua crucificação, causando um profundo constrangimento a Pedro. Também deve ter havido constrangimento nesta ocasião. Pois lavar os pés de um homem com lágrimas e enxugá-los com seu cabelo era um feito extremamente difícil, mesmo se as lágrimas fossem copiosas e o cabelo bastante comprido. Ademais, a mulher era bela e conhecida. O fariseu Simão ficou mortificado. Como aquela mulher entrara? E o que Jesus sabia sobre ela? Ele pôs-se a refletir: "Se este homem fosse profeta, saberia bem quem é a mulher que o toca, porque é uma pecadora!"

Jesus leu seus pensamentos e respondeu a eles: "Simão, tenho uma coisa a dizer-te." Simão respondeu: "Fala, mestre." Então, tipicamente, Jesus fez a ele uma pergunta: se um homem tivesse dois devedores, um de quinhentos denários, e outro de cinquenta, e perdoasse ambos, qual deles o amaria mais? Simão disse: "Suponho que aquele ao qual mais perdoou." Exatamente, disse Jesus. Então censurou, não com raiva, mas em tom comedido e com palavras bem-escolhidas. "Vês esta mulher? Entrei em tua casa e não me derramaste água nos pés; ela, ao contrário, regou-me os pés com lágrimas e enxugou-os com os cabelos. Não me deste um ósculo; ela, porém, desde que entrei, não parou de cobrir-me os pés de beijos. Não me derramaste óleo na cabeça; ela, ao invés, ungiu-me os pés com perfume."

E então acrescentou, com alguma ênfase: "Por essa razão, eu te digo, seus numerosos pecados lhe são perdoados, porque ela demonstrou muito amor." A seguir, disse à mulher: "Teus pecados são perdoados." Não voltamos a ouvir falar da mulher, que — como a dama samaritana de muitos casamentos — desaparece da história, mas não sem a bênção de Jesus: "Tua fé te salvou; vai em paz." A lição não foi aprendida por Simão e seus amigos. Tudo o que conseguiram dizer foi: "Quem é este que até perdoa pecados?" Mas a mulher arrependida salva pela fé, sublime em sua humildade, continua a ser um dos personagens mais comoventes da literatura antiga. E, como é frequente no Novo Testamento, o relato objetivo de Lucas tem a força da verdade.

Este episódio é um exemplo do efeito extraordinário que Jesus exercia nas mulheres. Ele evocou não apenas sua fé e devoção, mas também acrescentou uma dimensão de ternura com toques de poesia em gestos e, algumas vezes, discursos. A mulher canaanita pagã descrita em Mateus 15:22-28, que desejava que Jesus curasse sua filha, foi tratada com um tanto de rispidez — parece ter sido persistente e impertinente, e sem dúvida estava criando grande tumulto. Jesus disse que sua missão em Tiro e Sidônia era recuperar "as ovelhas perdidas da casa de Israel", e falou a ela: "Não fica bem tirar o pão dos filhos e atirá-lo aos cachorrinhos." Sem se abalar com sua resposta distante, ela se inspirou para dizer: "Isso é verdade, Senhor, mas também os cachorrinhos comem das migalhas que caem da mesa dos seus donos!" Instantaneamente tocado por essa réplica brilhante, Jesus cedeu: "'Mulher, grande é a tua fé! Seja feito como queres!' E a partir daquele momento sua filha ficou curada."

Jesus era conhecido por sua gentileza, paciência e tolerância. Era extremamente intuitivo. Não tinha gosto por qualquer tipo de legalismo ou lógica ponderada, preferindo os rasgos de percepção instantânea e poesia que iluminavam seu discurso e transformavam seus ditos em correntes de joias cintilantes. Não eram características masculinas. Ele se baseava mais em emoção que em razão para mostrar uma tese, um traço mais feminino do que as mulheres esperariam de um pregador de doutrina. Mas ele não era um pregador: era isso que as mulheres gostavam nele. Ele ensinava: explicava de uma forma interessante e luminosa coisas difíceis usando imagens da vida cotidiana e do trabalho. Era um moralista, mas um do tipo poético. E Jesus ficava feliz em deixá-las interessadas e contentes. Adorava as duas irmãs de Lázaro que viviam em Betânia, Marta e Maria, e claramente passou muitas horas preciosas lá nas raras oportunidades em que descansou. Conhecia bem as grandes virtudes de Marta e a firmeza de sua fé — ela não fizera uma declaração disso em termos equivalentes em vigor à esplêndida confissão de são Pedro? (Jo 11:27) Mas gostava de Maria sentada a seus pés escutando, e não permitia que seu prazer e sua instrução fossem interrompidos por problemas domésticos — "Maria, com efeito, escolheu a melhor parte, que não lhe será tirada" (Lc 10:42), admitiu ele livremente. "Deixa-a", disse quando Judas Iscariotes quis tirar o jarro de alabastro de perfume de nardo puro que ela vertera sobre seus pés, "e a casa inteira ficou cheia do perfume do bálsamo" (Jo 12:2-8).

Uma das razões pelas quais Maria ouvia com tanta atenção era que a religião que ele apresentava se diferenciava muito do judaísmo mosaico. As mulheres eram colocadas no centro junto com os homens, partilhando igualmente seus deveres e seus consolos. A mãe de Jesus, Maria, era uma parte indispensável de sua Encarnação — sua missão teria sido impossível sem ela. A Sagrada Família à qual ele e seu pai adotivo pertenciam era, para ele, a imagem ideal da unidade da sociedade. Para proteger a família ele modificou a lei mosaica em um ponto importante: o casamento foi colocado em um plano de santidade bem superior e tornado indissolúvel (Mt 19:5-6). Um casal unido era "uma só carne": "Portanto, o que Deus uniu o homem não deve separar." O objetivo de Jesus nessa condenação absoluta do divórcio não era simplesmente fortalecer o casamento, mas proteger as mulheres. Sua posição legal de inferioridade no antigo Oriente Próximo era enormemente reforçada pela facilidade com que os homens — e apenas os homens — conseguiam o divórcio. Isso se aplicava em toda parte em diferentes graus. O código penal babilônico estabelecia: "Se um marido diz à sua esposa, 'Não és minha esposa', deverá pagar meia mina e será livre. Mas se uma mulher repudiar o marido deverá ser afogada no rio." A lei judaica era menos opressiva, mas a escola de Hillel declarava que era base suficiente para o divórcio a mulher ter estragado o jantar do marido. Outros sistemas em Grécia, Pérsia e Roma, por exemplo, não diferiam essencialmente no tratamento dispensado à mulher como inferior e uma espécie de propriedade. Mesmo hoje o divórcio fácil pesa mais sobre a esposa que sobre o marido, e ao defender o casamento Jesus foi o primeiro mestre da história mundial a demonstrar sua ansiedade para colocar as mulheres em pé de igualdade com os homens.

Verdade que Jesus escolheu apenas homens para seu apostolado. Isso era inevitável nas condições sociais da época, pois se esperava que seus apóstolos partissem em missões independentes, com frequência sós, e comandassem os discípulos como parte da organização que Jesus criou para espalhar seu Evangelho. Ademais, Jesus precisava de homens que o protegessem da histeria das multidões e das ameaças físicas de seus inimigos — não que eles tenham se mostrado eficazes no final. É uma das lições da vida de Jesus que com frequência as mulheres demonstram mais coragem física que os homens. Ele também esperava que seus apóstolos se colocassem em tempo integral a seu serviço. Como diz Lucas: "Deixando tudo, eles o seguiram." (5:11) Pedro afirma enfaticamente: "Eis que nós deixamos tudo e te seguimos." (Mc 10:28) Virtualmente todas as mulheres não estavam em posição de fazer isso, pelo menos formalmente, embora esteja claro que algumas conseguiram na prática. Jesus não considerava o celibato uma virtude especial, embora haja uma passagem em Mateus na qual, ao contrário do ensinamento judaico tradicional, ele mostrasse que era legal (19:10-12). Indicou que era um chamado especial: "Quem tiver capacidade para compreender, compreenda!" Aquilo em que Jesus insistiu, repetidamente, foi que a devoção a Deus vinha antes de qualquer laço familiar — pai, mãe, irmão, irmã. Isso se aplicava também a homens e mulheres. A ideia de monges e freiras celibatárias vivendo em comunidades não é incompatível com nada que Jesus diz no Evangelho. Nem com um sacerdócio exclusivamente masculino. Mas, da mesma forma, não há nada nos ensinamentos de Jesus que descarte mulheres sacerdotisas.

Em essência, o que Jesus ensinou foi que a amizade com Deus significa participar de uma família celestial que supera todos os laços humanos, sem necessariamente excluí-los.

Lucas registra uma mulher gritando para Jesus da multidão: "Felizes as entranhas que te trouxeram e os seios que te amamentaram!" Jesus concordou com ela, mas destacou o valor superior: "Felizes, antes, os que ouvem a palavra de Deus e a observam." (11:27-29) Há uma passagem importante em Mateus na qual Jesus indica que para o objetivo de sua missão na terra ele estava criando uma família apostólica que devia estar em primeiro lugar em sua atenção e afeição. Enquanto ensinava, seu séquito disse que a mãe e outros membros da família, provavelmente primos, esperavam para falar-lhe. Ele, tipicamente, respondeu com uma pergunta: "Quem é minha mãe e quem são meus irmãos?" Respondeu ele mesmo, fazendo um gesto para seus discípulos: "Aqui estão minha mãe e meus irmãos, porque aquele que fizer a vontade de meu Pai que está nos Céus, esse é meu irmão, irmã e mãe." (12:46-50) A palavra mais comum que Jesus usa para Deus é "Pai", e para si mesmo, "Filho". Os seres humanos são, primeira e basicamente, "filhos de Deus". Essa era a relação eterna, fora do tempo. Casamento, descendência e amor humano na família eram muito importantes em termos mundanos. Mas eram deste mundo: no final, o que importava era pertencer à família de Deus.

Na família de Jesus na terra, que ele formou e instruiu cuidadosamente, as mulheres eram tão numerosas quanto os homens, embora talvez não tivessem tanto destaque. Sua mãe e as outras parentes com frequência estavam presentes, e ela esteve com ele no final, junto à cruz. Lucas se refere a um grupo de mulheres caídas, que Jesus curara de seus "demônios" — isto é, licenciosidade — e recrutara para sua comitiva (8:2). A mais importante delas era Maria Madalena, e Lucas enfatiza como sua vida anterior era pecaminosa, dizendo: "Dela saíram sete demônios." E havia Marta e Maria, as irmãs de Lázaro. Mas Lucas também menciona um grupo de mulheres prósperas que incluía Joana, esposa de Cuza, administrador de Herodes Antipas, e Suzana. São os únicos nomes que menciona, mas diz que havia muitas outras, "que o serviam com seus bens" (8:3). A missão peregrina de Jesus demandava apoio financeiro, bem como serviços, e isso era fornecido basicamente por mulheres. O primeiro escalão, os apóstolos, era composto apenas de homens. Mas o segundo grupo, responsável por moradia, refeições e despesas de viagem, era de mulheres, normalmente de muitos recursos. Jesus tinha a capacidade, em parte por causa de seu caráter, em parte pelo apelo de seus ensinamentos, de atrair mulheres inteligentes, educadas, cultas e sensíveis, que descobriam em suas palavras um tipo de religião infinitamente mais atraente e satisfatória do que qualquer coisa que pudessem conseguir na sinagoga ou no Templo. Esse apelo a mulheres ricas não se limitava a círculos judaicos ou samaritanos. A esposa de Pilatos, governador da Judeia, também era fascinada por Jesus. Não podia se juntar à sua comitiva, claro, mas sonhara com ele e tentou convencer o marido a salvá-lo: "Não te envolvas com esse justo, porque muito sofri hoje em sonho por causa dele." (Mt 27:19) As outras damas ricas também eram impedidas por sua posição de sair em trabalho missionário, mas forneciam os meios para sustentá-lo e ajudavam quando Jesus e seus discípulos estavam perto de suas casas. As viúvas podiam trabalhar com ele em tempo integral. Essas mulheres foram as precursoras das damas romanas que, nos primeiros dias do cristianismo, acorriam às catacumbas e primeiras igrejas e, em grande medida, foram responsáveis por sua disseminação e seu sucesso. O ensinamento de Jesus era tal que uma mulher podia se identificar plenamente com ele, e, quanto mais alta sua posição e mais independente seu pensar, mais fortes os laços com o Mestre. Prostitutas, cuja própria profissão era uma forma de emancipação, também eram fortemente atraídas para o movimento no instante em que abandonavam suas vidas degradantes.

Que Jesus amava a sociedade de mulheres, se sentia à vontade entre elas e sabia como falar e responder a elas é algo que fica claro no Evangelho. Mas também adorava crianças. Era uma de suas características mais fortes e marcantes. Via nas crianças a inocência não corrompida antes que as atrações materiais do mundo pecador distorcessem o instinto de pureza e amor. Gostava de crianças de todas as idades. Jovens mães sentiam seu amor aos bebês e os davam a ele para que os acariciasse. Há uma bela passagem em Marcos que ilustra a capacidade de Jesus de ficar à vontade com os muito pequenos, que o torna único (pelo que eu sei) na literatura do mundo antigo: "Traziam-lhe crianças para que as tocasse." Os discípulos, como era típico da época, não gostaram disso e censuraram as mães. "Vendo isso, Jesus ficou indignado e disse: 'Deixai as crianças virem a mim. Não as impeçais, pois delas é o Reino de Deus.'" Ele com frequência comparava as crianças com os sem pecado, e, inspirado por essa tentativa de negar a ele sua companhia, resumiu seus sentimentos: "Em verdade vos digo: aquele que não receber o Reino de Deus como uma criança, não entrará nele." Para enfatizar isso, ele, "abraçando-as, abençoou-as, impondo as mãos sobre elas" (10:13-16). Mateus 19:13-14 relata o mesmo incidente, acrescentando: "Pois delas é o Reino dos Céus."

O tema de que era necessária certa inocência infantil mesmo em homens e mulheres adultos para que suas almas fossem salvas aparecia frequentemente nos ensinamentos de Jesus. Estava relacionado à sua imagem de "nascer de novo" e a seu amor à humildade. Porém, Jesus amava as crianças não apenas como imagem, mas como realidade. Era fascinado por todos os aspectos do modo pelo qual um bebê chega ao mundo, cresce e se torna uma criança encantadora. Constantemente as colocava em seus ensinamentos. Era muito atento. Notou como o deleite da mãe com o bebê apagava as dores do parto (Jo 16:21), como o pai embalava o filho na cama (Lc 11:7) e como os pais escutavam o que as crianças diziam e atendiam a seus pedidos, mas apenas quando não lhes fossem nocivos (Mt 7:9; Lc 11:11-13). Os impulsos das crianças para a brincadeira o interessavam (Mt 11:16), assim como suas tristezas (Mt 18:25). Considerava que o maior teste de lealdade de um discípulo era a disposição de abandonar os filhos por ele e Deus (Lc 14:26, 18:29; Mt 19:29). Para Jesus, o amor de marido e mulher um pelo outro e seu amor partilhado pelos filhos são inextricavelmente fundidos, parte do modo íntimo pelo qual o amor humano imita e antecede o amor que é o princípio fundamental do Reino de Deus.

Por mais que Jesus não quisesse fazer milagres para se exibir, invariavelmente agia quando um pai implorava que curasse uma criança doente. É notável como uma grande parcela de suas curas beneficiou crianças. A criancinha do nobre de Cafarnaum (Jo 4:49); o menino lunático (Mt 17:18), "o filho único de seu pai" que Jesus curou quando descia da montanha; a "filhinha" de Jairo (Mc 5:23), que Jesus ergueu dos mortos; a "filha" da mulher canaanita (Mc 7:30); e o filho único da viúva de Naim (Lc 7:11-18) são apenas alguns casos em que Jesus se apressou a ajudar um pai infeliz. A vida era barata na Palestina do século I. Crianças morriam ao redor dele de negligência e pobreza, além de doença. Mas, quando um caso especial de uma criança sofrendo era colocado à sua frente, ele sempre agia. Pedia não apenas "Alimentai minhas ovelhas" mas, claramente, "Alimentai meus cordeiros".

Ademais, Jesus sempre estava pronto a lembrar às pessoas, mesmo a seus seguidores instruídos, que as crianças não deviam ser ignoradas. Em certos sentidos, elas eram modelos. Quando seus discípulos travaram sua disputa grosseira para definir qual deles era o maior, um incidente registrado nos sinópticos (Mt 18:1-4; Mc 9:33-37; Lc 9:46-48), Jesus chamou uma criança e a colocou no meio deles, dizendo: "Em verdade vos digo que, se não vos converterdes e não vos tornardes como as crianças, de modo algum entrareis no Reino dos Céus." Sempre foi um ensinamento de Jesus, e sua crença profunda, que o estudo das crianças tinha muito a revelar. Mateus registra o prazer que ele sentiu quando, em seus últimos dias na terra, crianças no Templo o saudaram com hosanas e o modo como censurou os funcionários que protestaram contra a saudação como sendo grosseira: "Sim, nunca lestes que: 'Da boca dos pequeninos e das criancinhas de peito preparaste um louvor para ti'?" (21:16) É também marcante que tenha reservado seus alertas mais ferozes para aqueles que maltratavam crianças ou as levavam à maldade. Mateus o cita como dizendo "Não desprezeis nenhum desses pequeninos" (18:10) e "Caso alguém escandalize um destes pequeninos que creem em mim, melhor seria que lhe pendurassem ao pescoço uma pesada mó e fosse precipitado nas profundezas do mar" (18:6).

Se mulheres e crianças mereciam planos especiais no coração de Jesus e em suas noções de inocência e virtude, e quanto aos idosos? Quase inevitavelmente, muitas de suas curas — apenas um punhado é descrita especificamente — beneficiavam idosos. O doente desesperançado que passara quase quarenta anos junto à piscina de Betesda obviamente era velho. Assim como a mulher com "um fluxo de sangue" que durante anos gastara seu dinheiro com médicos sem encontrar uma cura. Jesus identificava idosos virtuosos, como a viúva que colocou suas duas moedas na caixa de coleta. Mas tomava o cuidado de não atribuir méritos especiais aos idosos. O judaísmo ortodoxo já fazia isso, e Jesus não se impressionava. O status de "governante" nas sinagogas e no Templo era em parte baseado em idade, e a idade era importante em todos os níveis da hierarquia sacerdotal. O termo específico "ancião" prestava homenagens à idade no judaísmo. Jesus frequentemente os considerava anciãos em pecado. Em uma passagem importante em Mateus, Jesus disse que publicanos e prostitutas iriam para o céu antes dos anciãos (21:31-32).

Na época em que Jesus nasceu, idosos virtuosos como Simeão e Zacarias eram encontrados constantemente no Templo. Mas quando Jesus concluiu seu ministério não havia idosos bons em seu recinto. José Caifás, o principal sacerdote, ocupava o posto havia muitos anos e devia estar no final da casa dos cinquenta anos. Seu sogro, Anás, antes o sumo sacerdote e o poder nos bastidores, era ainda mais velho. Muitos dos judeus ortodoxos que escutavam Jesus na esperança de apanhá-lo ou relatar ditos blasfemos eram velhos; alguns eram tecnicamente anciãos. O poder estabelecido contra o qual Jesus pregava era essencialmente comandado por homens idosos. Assim, dizer que para entrar no Reino de Deus era necessário "nascer de novo" e se tornar um "novo homem" tinha um duplo sentido. A utilização por Jesus da imagem da criança para os salvos e sua insistência em os abençoados serem "filhos de Deus" eram tão frequentes e importantes em suas imagens que há uma clara impressão no Novo Testamento como um todo de que, de alguma forma, a idade tinha de ser eliminada ou transformada na busca por Deus.

Essa impressão é bastante reforçada pela Transfiguração, um dos acontecimentos mais impressionantes descritos nos Evangelhos. Alguns dias antes de ser transfigurado, Jesus perguntara a seus discípulos o que os homens diziam de sua missão. Pedro respondeu: "Tu és o Cristo, o filho do Deus vivo." Deus então fez dele seu representante e vigário, e o abençoou: "Não foi carne ou sangue que te revelaram isso, e sim meu Pai que está nos céus. Também eu te digo que tu és Pedro, e sobre esta pedra edificarei minha Igreja, e as portas do Hades nunca prevalecerão contra ela." (Mt 16:15-20) Seis dias depois ele levou Pedro, com Tiago e João, "a um lugar à parte sobre uma alta montanha. E ali foi transfigurado diante deles. Seu rosto resplandeceu como o Sol, e as suas vestes tornaram-se alvas como a luz" (Mt 17:1-2). Marcos 9:2-8 e Lucas 9:28-36 também registram essa espetacular irradiação do rosto e do corpo de Jesus. Os três descrevem uma epifania divina. Mateus coloca assim: "Uma nuvem luminosa os cobriu com sua sombra, e uma voz, que saía da nuvem, disse: 'Este é o meu Filho amado, em quem me comprazo, ouvi-o!'" (17:5)

A transfiguração foi interpretada de várias formas. Mas seu significado parece claro. Jesus era um homem, mas não apenas um homem. Era também Deus, Filho do Pai. Vivia fora do tempo e do espaço, bem como sobre a terra. Seu ministério acontecia não apenas neste mundo, mas também no próximo. O que disse era verdadeiro para todo o tempo, na contagem terrena, mas também para a eternidade. Estava sendo apresentado a homens em uma pequena província do Império Romano no começo do século I d.C., mas sua verdade se aplicava a todos os povos, em todos os tempos, transfigurando a história e a geografia, se espalhando para toda parte e criando uma ponte entre o universo que Deus criara e o infinito no qual ele existia.

Ao longo dos dois mil anos seguintes, as mudanças que Jesus introduziu entre os seres humanos iriam lentamente revolucionar a sociedade, de modo que sua transfiguração na alta montanha foi um aperitivo de uma modificação gradual de posturas e mentalidades.

VII

Os novos Dez Mandamentos de Jesus

O objetivo de Jesus não era mudar o mundo. Seu objetivo era preparar seus habitantes para o Reino de Deus que, insistiu ele, "não é deste mundo". Os antigos hebreus eram confusos acerca desta vida e da seguinte, e apenas gradual e imperfeitamente aprenderam a aceitar um conceito de vida após a morte. Na época de Jesus, muitos judeus, como os saduceus, ainda se recusavam a aceitar esse conceito. Então não é estranho que a crença no "Cristo", Messias, salvador ou rei redentor de Israel, prevalente na época de Jesus, fosse turva. Virtualmente todos os judeus acreditavam nisso, em diferentes graus de intensidade. Da mesma forma os samaritanos — a mulher que Jesus encontrou junto ao poço, que tivera cinco maridos e no momento vivia em pecado, podia não ser muito escrupulosa em questões morais, mas sabia tudo sobre o Cristo e ficou encantada em reconhecer Jesus como ele. Mas nem os judeus nem os samaritanos tinham certeza se o Messias era um líder secular ou espiritual, ou um pouco de ambos. Os saduceus o viam como outro Davi que iria restaurar o grande reino judeu que florescera mil anos antes. Os fariseus o viam como um sumo sacerdote teocrático que faria do Templo a sede do governo.

Jesus herdara a doutrina do Messias, mas não as confusões. Como Filho de Deus ele nunca tivera a menor dúvida de que o "negócio de meu Pai", como ele dizia, era mostrar a todos que quisessem ouvir como se preparar para o próximo mundo. Não exigia adesão como outro Davi, governante secular ou mesmo um rei-sacerdote teocrático, mas fé, como um líder espiritual cujos poder e Reino estavam na eternidade. Insistiu em que não era um revolucionário, um zelote, um rebelde contra Roma ou mesmo contra as autoridades judaicas. Não tomou medidas para perturbar o *status quo* político. Mas ninguém realmente acreditou nele, nem mesmo seus discípulos. Os próprios apóstolos não estavam certos sobre qual seria o final de seu ministério. Achavam difícil aceitar que fosse uma vítima sacrificial que morreria pela humanidade. E aqueles eram homens devotos em contato diário com Jesus. Quanto mais distantes estavam dele e menos sabiam sobre seus ensinamentos, mais desconfiadas as pessoas eram. Os homens da estrutura do Templo não tinham dúvida de que Jesus era um criador de casos que invejava suas posições e planejava tomá-las, um agitador que os lançaria em um conflito destrutivo com o poder romano, o que os aterrorizava. A ideia de um líder-mestre com conceitos e objetivos inteiramente espirituais era algo além de sua concepção de mundo.

O próprio Jesus sempre se esforçou para estabelecer distinções claras entre céu e terra. Ele não se preocupava com arranjos políticos ou mesmo filosofia política. Estava consciente de que no século VI d.C. houvera um "tumulto" na Palestina e na Síria por causa do grande censo, que levara a um banho de sangue ao ser desaprovado violentamente pelas forças romanas de ocupação. O censo havia sido em função de impostos, "tributos", como eram chamados. Jesus sabia que seus inimigos eclesiásticos, os "homens do Templo", tentariam envolvê-lo em polêmicas políticas relativas ao tributo. Era muito fácil apresentá-lo às autoridades romanas como um rebelado contra impostos que tentara convencer o povo a não pagar os tributos. Essa foi a acusação específica que os homens do

Templo fizeram a Jesus quando finalmente o levaram a julgamento perante Pilatos: "Encontramos este homem subvertendo nossa nação, impedindo que se paguem os impostos a César e pretendendo ser Cristo Rei." (Lc 23:2) Era uma mentira deliberada. Jesus se desviara de seu caminho para *não* proibir tributos. Os fariseus e aqueles que apoiavam Herodes Antipas haviam tentado levá-lo a cometer tal erro. Insinuaram, em palavras que Mateus registrou, que era um crítico destemido da autoridade estabelecida que só dizia a verdade: "Não dás preferência a ninguém, pois não consideras um homem pelas aparências. Dize-nos, pois, o que te parece: é lícito pagar imposto a César, ou não?" Mas Jesus, "percebendo sua malícia, disse: 'Hipócritas! Por que me pondes à prova?'" Ele exigiu ver a moeda, e quando eles a mostraram, perguntou: "De quem é esta imagem e a inscrição?" "De César", disseram eles. Então ele disse: "Dai, pois, o que é de César a César, e o que é de Deus a Deus." A resposta magistral os calou. "Ficaram surpresos e, deixando-o, foram embora." (22:16-22)

A metáfora da moeda era típica dos esforços de Jesus para demonstrar que seus ensinamentos faziam claras distinções entre material e espiritual, entre este mundo e o seguinte. Ele não viera para libertar os judeus dos romanos, mas para mostrar a todos os seres humanos como se libertar do pecado. Seu objetivo não era encontrar um novo regime, mas retratar uma nova forma de vida. A revolução era inteiramente interna, uma revolução contra o egoísmo e a cobiça, a crueldade e o preconceito, a raiva e a lascívia: uma revolução para expandir o amor por si até o amor por todos e a fraternidade com todos. A pessoa renascida seria inteiramente diferente, e tudo mudaria. Mas externamente o mundo seguiria.

Ou não? O segredo da vida de Jesus é um enorme paradoxo: o paradoxo mais chocante e importante da história mundial. Jesus pretendia mostrar a homens e mulheres como se preparar para o mundo seguinte, se tornar merecedores dele.

Mas o fez com tal graça e habilidade, tal brilhantismo psicológico e emocional, que também deu a eles um padrão a seguir que os tornava seres humanos melhores, portanto mais felizes, no mundo atual. No cerne do cristianismo está a imitação de Cristo. Os Evangelhos mostram como a pessoa perfeita se comporta, pensa e fala. Imitando Jesus com o máximo das suas limitadas habilidades, aqueles que o seguiram por mais de dois mil anos tornaram o mundo um lugar melhor e permitiram a muitos daqueles que nele vivem levar vidas mais plenas e felizes. A busca pelo próximo mundo transformou este. Mas o exemplo de Jesus, embora o mais poderoso e disseminado, não foi a única força em ação. A humanidade tinha uma propensão ao mal, assim como ao bem. E outros personagens imponentes da história deram maus exemplos e escreveram e disseram palavras que desviaram e perverteram muitos. Estou escrevendo no começo do século XXI, e como historiador posso pesquisar dois milênios de mudanças nas quais o exemplo de Jesus combateu pelas mentes de homens e mulheres contra o que ele teria chamado de forças das trevas. Houve grandes épocas de transformação entre os civilizados: a ascensão do cristianismo na Europa, seu triunfo e sua decadência; Renascença e Reforma; o Iluminismo do século XVIII; a Revolução Industrial e o advento de sensibilidade e reforma; as colossais mudanças intelectuais e sociais do século XX, que continuam até nossa época. Tudo isso foi uma combinação de bem e mal, justiça e selvageria, ternura e crueldade, progresso e degeneração. Mas se separarmos os aspectos salutares dos deploráveis, se observarmos o que é decente e valioso em nossas sensibilidades modernas — agora, na segunda década do século XXI —, veremos que todas as verdadeiras melhorias no modo como os seres humanos vivem e se comportam uns com os outros decorrem de seguir os ensinamentos e, acima de tudo, o exemplo de Jesus.

O que Jesus ofereceu com sua vida foi, com efeito, novos Dez Mandamentos. Um estudo atento dos Evangelhos, como tentei refletir nesta breve biografia, nos revela quais são. O primeiro é: cada um de nós deve desenvolver uma personalidade verdadeira. Jesus ensinou que cada um de nós é único e tem, além de um corpo, uma alma na qual nosso caráter é preservado. O corpo é frágil e mortal; a alma é indestrutível e atemporal. Este é o ensinamento mais importante de Jesus, implícito em todas as suas observações. Temos o dever de desenvolver uma consciência pessoal: não em qualquer sentido egoísta, mas nos tornando conscientes de nossa existência como um ato da criação de Deus. Podemos ter todos os tipos de existências coletivas, como membros de uma família, tribo, nação, raça, grupo religioso ou profissão. Mas nossa personalidade, que moldamos e sustentamos, é absolutamente única para Deus. Ele sabe tudo sobre nós, vê e avalia tudo o que fazemos, dizemos e pensamos. Nosso conhecimento disso é um elemento fundamental em nossa consciência pessoal. Mas, ligado à nossa consciência de nós mesmos, está o direito à autodeterminação. Cada um tem uma vontade, e é exercendo essa vontade que moldamos a personalidade que nos é dada no nascimento e nos pertence durante toda a nossa vida. Por mais insignificante e impotente que qualquer de nós pareça ser, todos temos uma vontade livre e, portanto, o direito e a capacidade absolutos de decidir por si mesmos. A personalidade é, ou pode ser, todo-poderosa em relação a si, e nunca tem limites. Era o que são Paulo queria dizer quando, uma geração após a morte de Jesus, escreveu que "onde está o Espírito do Senhor, aí está a liberdade" (2 Cor 3:17).

As implicações sociais e políticas da personalidade são infinitas e se tornaram a essência do cristianismo. Elas foram desenvolvidas por mais de dois mil anos de história, e continuam a ser desenvolvidas hoje. Personalidade, a singularidade humana, é a glória da raça humana. Mas isso tem suas consequências. Primeiramente, responsabilidade: apenas nós somos responsáveis pela personalidade que moldamos durante a vida. E seremos responsáveis por ela na morte. O julgamento final, com suas implicações para a eternidade, é o preço que pagamos pela autodeterminação. Em segundo lugar, embora cada personalidade seja única, também é incompleta. A alma é dada por Deus e tem um impulso inextinguível de retornar a seu Criador. Não consegue descansar até que isso seja conseguido. Com o livre-arbítrio isso é possível. Se a personalidade que nos é dada, mas que também ajudamos a moldar, é finalmente aceitável, ingressamos no que Jesus chamava de "o Reino". Se não é, somos rejeitados. Jesus falou repetidamente disso, usando uma série de metáforas. Deixou claro que conseguir a aceitação da personalidade que moldamos é o objetivo da vida na terra. A não aceitação implica punição: o que santo Tomás de Aquino chama de "dor da perda", usando os símiles de perda e descoberta que abundam nos ensinamentos de Jesus.

Portanto, a personalidade é o segredo da vida. Jesus deixou isso claro quando disse: "Pois aquele que quiser salvar sua vida a perderá; mas o que perder sua vida por causa de mim e do Evangelho a salvará. Com efeito, que aproveita ao homem ganhar o mundo inteiro e arruinar sua própria vida?" (Mc 8:35-36)

O segundo mandamento é: aceite, e viva de acordo com, a universalidade. A implicação consistente, diária, inesgotável dos ensinamentos de Jesus é ver a raça humana como um todo. Cada alma é única, mas cada uma é parte da humanidade. Nisso com frequência Jesus estabelece uma distinção total entre material e espiritual. A diferença entre uma personalidade e outra, entre uma alma e outra, pode ser infinita. A diferença material entre um corpo e outro, quando comparados em suas similaridades essenciais, é insignificante. Todos somos próximos aos olhos de Deus, e todos devemos ser próximos aos nossos próprios olhos. A doutrina do próximo de Jesus, mais claramente exemplificada em sua parábola do Bom Samaritano, é evidente ou implícita em tudo o que ele disse ou fez. Política e socialmente, é uma doutrina muito poderosa. Jesus nunca se apresentou como um pacifista ou democrata, multirracialista ou humanitarista. Na medida em que todos esses créditos são válidos, ele pertenceu a todos. Para ele, o amor de Deus implicava que você amava o próximo como a si mesmo, e, assim que você aceita isso, a prática — o "Grande Mandamento", como ele o chamava — envolvia todos os outros arranjos venturosos que a engenhosidade humana concebeu para unir as pessoas em harmonia universal. Proximidade é um mandamento maravilhoso. Um princípio que todos podem compreender. Ele se aplica a todas as circunstâncias. E não é fundamentalmente difícil — embora algumas vezes mais difícil do que pensamos, e com determinados irmãos.

O terceiro mandamento é: respeite o fato de que somos todos iguais aos olhos de Deus. Lutar para ser o primeiro era algo que Jesus considerava desagradável. Ele sabia que os seres humanos tendiam a se organizar em hierarquias, mas não gostava de ver os resultados. Quando seus discípulos, mesmo seus apóstolos, discutiam prioridades, se sentia ferido. Estremecia com o atropelo. Quando anciãos proeminentes ou governantes de sinagoga buscaram lugares mais elevados nos bancos, ele deu as costas, desgostoso. Alertou contra aqueles que assumem lugares de destaque à mesa. Nunca perdeu uma oportunidade de criticar a insensibilidade dos ricos e dos reis do mundo, ou de louvar os humildes e os pobres em espírito. O refrão repetido ao longo de seu Evangelho foi "muitos dos primeiros serão últimos; e muitos dos últimos, primeiros" (Mt 19:30). Não que Jesus desprezasse esforço e diligência ou não reconhecesse habilidade. Grande parte de seus ensinamentos, e muitas de suas parábolas, louvavam aqueles que se esforçavam duro e bem. O "servo bom e fiel" era para ele uma figura nobre. Mas também a viúva pobre com suas duas moedas. Para Jesus, a raça humana era uma enorme massa em movimento abrindo caminho pelo tempo e o espaço, evocando sua piedade e simpatia não apenas por seu interminável sofrimento, com frequência autoinfligido, mas também por seu secreto heroísmo — massa em função de seu número, mas na verdade composta de incontáveis indivíduos, cada um deles precioso para Deus, merecendo igualdade de tratamento segundo seus méritos e a recebendo de suas mãos judiciosas, dirigidos por seus olhos que tudo veem. O melhor que os seres humanos podiam fazer — e isso se aplicava especialmente a governantes e funcionários, a qualquer um com poder de nascença, habilidade, dinheiro ou sorte — era tentar seguir o exemplo de Deus e dar igual consideração a todos. Assim, igualdade, como Jesus ensinou, não era uma doutrina abstrata, mas uma prática real.

Ele também ensinou — e este é o quarto mandamento — a necessidade do amor nas relações humanas, em todos os momentos e em todas as situações. "Amor" era uma palavra que estava constantemente em seus lábios, fosse o amor a Deus ou o amor a outros seres humanos. Esse amor não tinha nada a ver com lascívia, que era uma forma de amor a si mesmo, mas não era inteiramente desencarnado ou espiritual. Era emocional, unindo corpo e espírito e se expressando de inúmeras formas. O que Jesus tentou fazer em sua vida e em seu ministério foi mostrar o amor em ação: percebendo, escutando, questionando, consolando e ajudando, curando e tornando sadio, unindo e reconciliando, em todas as atividades da vida agitada de um mestre, mas também em conversas particulares e mesmo encontros secretos. Os quatro Evangelhos compõem um manual do amor exemplar, culminando naquilo que o próprio Jesus classificou como o maior ato de amor, dar a própria vida pelos outros. Não é possível estabelecer leis do amor. O que se pode fazer é demonstrá-lo. Foi o que Jesus fez. Felizmente, suas palavras e seus atos foram registrados na perspectiva diversa de quatro evangelistas muito distintos. Assim, temos um padrão a seguir. E estudando e imitando Jesus temos os melhores meios de cumprir seu quarto mandamento.

O quinto mandamento da vida de Jesus diz respeito à misericórdia. Demonstremos misericórdia assim como Deus demonstrou para conosco. É uma palavra emocional, como "amor" — à qual está intimamente ligada. É difícil de definir, mas instantaneamente identificada quando exercida. Algo que não pode ser praticado em excesso e é significativo mesmo em sua menor expressão. Misericórdia é graça. É imerecida. Algo pelo que rezamos e pelo que agradecemos. Jesus diz que, se você tiver a oportunidade gloriosa de demonstrar misericórdia, faça isso, sem reticência e sem pensar, sem razão ou lógica, sem esperar agradecimentos ou mesmo arrependimento, não para conseguir algo no sentido de mudança social ou pessoal, simplesmente por ela mesma. Jesus não era um homem de criar códigos legais perfeitos ou uma Declaração Universal dos Direitos Humanos. A ideia de Direitos do Homem lhe era estranha. Ele não acreditava em Direitos, nem mesmo direitos. Era mais inclinado a acreditar em deveres, embora não em Deveres. A misericórdia transcendia todas essas categorias. Ninguém tinha direito a ela. E, por sua natureza, era exercida livremente, não como um dever. Era uma coisa maravilhosa: uma forma de poesia moral. Quando demonstramos misericórdia de modo espontâneo, alegre, livre, instantâneo, não leviano, mas sem pensar e com felicidade, nos comportamos não apenas de um modo régio, mas como o próprio Deus — a melhor maneira de demonstrar que somos feitos à sua imagem. Jesus conhecia dois textos do Eclesiastes: "Pois o Senhor é cheio de compaixão e misericórdia, sofredor e muito piedoso, e perdoa pecados" (2:11) e "Cairemos nas mãos do Senhor e não nas mãos dos homens: pois assim como tem majestade, tem sua misericórdia" (2:18). Contudo, em seu Novo Testamento, Jesus pretendia completar e substituir o antigo: tornar seus novos mandamentos imediatos, relevantes e excitantes. Então buscou fazer os seres humanos exercitarem a misericórdia à maneira de um rei, e como o próprio Deus. E ao fazer isso ele teve um impacto, ao longo dos dois milênios seguintes, muito maior que qualquer código, tratado ou jurisprudência, em que aqueles que erram são tratados por seus companheiros homens e mulheres. Na coroa da modernidade a misericórdia é uma das joias mais brilhantes nas sociedades que conquistaram o direito de usá-la.

Jesus levou o mais à frente possível virtudes como a misericórdia, mas não era um radical. Ao contrário, todas as evidências dos Evangelhos indicam o equilíbrio de sua vida, a forma impecável pela qual se desviava sensivelmente de posições ofensivas. Era um homem reservado, mas não um eremita. Podia ser solitário, mas apenas por breves períodos. Gostava de companhia com moderação. Falava — e tinha muito a dizer —, mas dizia sucintamente, e sabia quando fazer perguntas e quando ficar em silêncio. Era sereno, mas sabia expressar indignação quando necessário. Podia chorar, mas nunca se desesperava. Podia rir — embora nunca nos tenham dito isso explicitamente —, mas ria com, não de. Foi escarnecido, mas nunca escarneceu. Foi agredido, e deu a outra face. Em uma era de fúria e ódio, em que o extremismo religioso grassava, era difícil não gostar de Jesus, quanto mais odiá-lo. E se, no fim, os homens desequilibrados o odiaram o bastante para matá-lo, foi exatamente por sua equanimidade. Uma leitura cuidadosa dos Evangelhos nos mostra um homem que sempre manteve a cabeça (embora não a vida) enquanto outros perdiam as suas. Eles nos ensinam paciência, resignação, autocontrole, calma, serenidade, busca e manutenção da tranquilidade em meio às tempestades da vida. Por mais de dois mil anos isso se provou uma lição valiosa para aqueles indivíduos e aquelas sociedades inteligentes o bastante para aprender.

Equilíbrio, portanto, é o sexto novo mandamento. E está relacionado ao sétimo: manter a mente aberta. A vida e a morte de Jesus foram uma luta contra aqueles de mente fechada. Ele rejeitava a intolerância em todas as suas formas, e falou contra ela constantemente. Podia ser encontrada nos poderes constituídos de sua época: especialmente os homens do Templo e os líderes de seitas, como fariseus e saduceus. A intolerância brotava do legalismo, a fidelidade à letra da lei e sua interpretação limitada. É significativo que aqueles que ouviram Jesus tenham dito que ele falava de forma exatamente oposta aos escribas. Queriam dizer que estava continuamente usando seus olhos e seu discernimento, sua imaginação e sua inteligência para adquirir conhecimento novo. Lucas o cita exclamando: "Ai de vós, legistas, porque tomastes a chave da ciência!" (11:52) Jesus mantinha os olhos abertos para captar o que via na vida cotidiana, e os ouvidos atentos para escutar o que os homens e mulheres diziam. Isso estava diretamente ligado a uma mente aberta a novas experiências e ideias. A palavra "aberto", assim como "luz", era abençoada em seu vocabulário. Ele a recomendou à humanidade. Nos dois milênios desde sua crucificação o mundo melhorou quando manteve sua mente aberta. Todos os aspectos evolutivos da Igreja primitiva em sua derrubada do paganismo; o cristianismo em suas tentativas de criar uma sociedade verdadeiramente religiosa; a Renascença na redescoberta do que havia de melhor na Antiguidade; a Reforma em sua redenção da virtude apostólica; a revolução científica na adoção de experiência e verificação; o Iluminismo na busca pelo conhecimento exato; e as modernas sociedades reformistas em seu esforço de melhorar a vida de homens, mulheres e crianças humildes, foram bem-sucedidos quando seus líderes mantiveram as mentes abertas e falharam quando sucumbiram a dogma e "correção".

Jesus constantemente enfatizou que crenças dogmáticas, intolerância e a insistência em que só há uma forma "certa" de fazer, pensar e falar — algo tão prevalente na sociedade dele quanto na nossa — são exatamente o oposto de verdade.

A busca da verdade, completa e íntegra, simples e pura, não adornada por utilização sectária, não manchada pela paixão, é a mais valiosa das atividades humanas. É o oitavo mandamento. "Verdade" é outra palavra fundamental no vocabulário de Jesus: "Eu sou o Caminho, a Verdade e a Vida." (Jo 14:6) Não há como esse dito ser citado e refletido demais. A verdade é ao mesmo tempo a verdade de Deus e a verdade na natureza. Encontra-se a verdade seguindo o caminho de Deus e no sentido do mundo natural, não contra ele. Jesus amava o mundo natural. É uma das razões pelas quais quando queria pensar intensamente e rezar com maior sinceridade ele ia para o deserto ou subia montanhas, onde a natureza é mais severa e em estado bruto. Uma enorme gama de suas imagens foi tirada diretamente da natureza. Definiu os parâmetros de sua poesia. A natureza, no conjunto ou em parte, era a metáfora de seu discurso. Era criada e, portanto, sagrada em certo sentido. Tudo foi minuciosa e afetuosamente catalogado na providência divina: "Não se vendem cinco pardais por dois asses? E, no entanto, nenhum deles é esquecido diante de Deus!" (Lc 12:6) Jesus amava a natureza porque amava a verdade, e ir contra a natureza era desafiar a verdade. Daí que todos os empreendimentos humanos devem seguir o sentido da natureza, não ir contra ele. Via a natureza como providencial, ordeira, satisfatória e bela, e suas constantes referências ao crescimento de coisas orgânicas (Mc 4:18, 26-28, 31ss, 13:28; Lc 13:8, 21; Jo 15:2-4) e aos hábitos dos animais (Mt 6:26, 7:15, 10:16; Lc 13:34; Jo 10:3-5, 10:12) confirmam seu amor por observar a criativa regularidade de Deus se exprimindo no mundo natural. Os humanos descuidada e insensivelmente agredirem a natureza, orgânica ou inorgânica, era uma violação. A humanidade devia habitar, usar, preservar e proteger o mundo como Deus pretendeu em seu plano providencial. Esse era o significado de verdade para a natureza, e ser verdadeiro com a natureza é o oitavo novo mandamento.

O nono novo mandamento diz respeito a poder, seu exercício e o respeito devido aos sem poder. Jesus tinha a seu dispor poder ilimitado e, como seu comportamento durante as tentações e, depois, por todo o seu ministério demonstrou, sempre teve o cuidado de usá-lo com contenção e moderação, com misericórdia, piedade e amor. Sua vida é um modelo do uso criterioso do poder, e, por contraste, sua morte é um exemplo cruel e catastrófico de seu abuso. Tudo relativo a poder é ensaiado na vida e morte de Jesus, e ele mesmo, primeiramente nos seus milagres e depois em seu sofrimento, é o arquétipo do todo-poderoso e do impotente. Nos milhares de anos desde sua vida e morte, os governantes da terra e aqueles que sofrem com as distorções do poder foram capazes de apelar para os Evangelhos em busca de uma mensagem de orientação, de um lado, e esperança, do outro. A crucificação é a nêmese do poder mundano, e a Ressurreição, a elevação dos impotentes das profundezas. Nenhum manual de teoria política, nenhum projeto de distribuição e uso do poder, nenhuma análise de seus abusos ou plano para evitá-los ou corrigi-los pode acrescentar algo de substancial à história de Jesus e do poder como contada pelos evangelistas. O que precisamos saber, e evitar, pode ser encontrado neles, e qualquer conjunto de arranjos políticos e constitucionais que não tenha no seu cerne o respeito aos impotentes é uma ofensa à verdade e ao amor.

O décimo e último dos novos mandamentos, que encontramos nas palavras, nos atos e nos sofrimentos de Jesus, é: demonstrar coragem. O tipo especial de coragem que Jesus demonstrou, e exortou seus seguidores a demonstrar, é a coragem não apenas de resistir, mas de suportar o errado. Ele conclamou seus discípulos a uma vida de submissão — ou seja, força contida, a grande coragem de suportar dor e perseguição, o heroísmo constante diante da iniquidade e uma tenaz persistência em proclamar a verdade a qualquer custo. Jesus disse a seus seguidores: “É pela perseverança que mantereis vossas vidas!" (Lc 21:19) e "E sereis odiados por todos por causa do meu nome. Aquele, porém, que perseverar até o fim, esse será salvo" (Mt 10:22). Jesus esperava que seus seguidores demonstrassem coragem, e ele mesmo demonstrou: a coragem especial daquele que não apenas sabe exatamente o sofrimento por vir e o teme, como ainda assim o aceita. Disse aos discípulos para carregar suas cruzes e mostrou como devia e podia ser feito. Jesus era Deus e homem, e a crucificação é a história do exercício da coragem divina em um frágil corpo humano. É isso que somos ordenados a aspirar, e essa coragem na imitação de Jesus é tão necessária hoje quanto sempre, e tão pouco disponível quanto era em seu tempo. Maior razão, então, para que este mandamento final seja compreendido plenamente e seguido fielmente.

Os novos mandamentos que Jesus deixou foram a estrutura moral e social do cristianismo que ele fundou e seus seguidores trouxeram à vida — em todos os seus melhores aspectos. Gradualmente, ao longo dos séculos, as claras virtudes da mensagem de Jesus transmitida ao povo de sua terra penetraram na sociedade, deixando preciosos traços de amor e proximidade, misericórdia e perdão, coragem no sofrimento e fé na bondade. Em nossa própria época, nas primeiras décadas do século XXI, sentimos que nossa sociedade, pelo menos idealmente, é livre e aberta, democrática e representativa, existindo sob um primado da lei que é progressista e iluminado.

De fato, a evolução humana muitas vezes se mostrou uma ilusão. Em muitos sentidos nossa sociedade não é mais bem-organizada e liderada que naqueles velhos tempos dois milênios atrás, quando homens como Herodes e Pilatos governavam. Em grande medida melhoramos — no modo como cuidamos dos pobres, doentes, enfermos, impotentes; no tratamento dado às crianças, na educação e no treinamento moral; no estudo da punição e no alívio do sofrimento; no esforço para distribuir o bem-estar econômico e encorajar as pessoas a demonstrar gentileza umas para com as outras e ajudar o próximo em tempos difíceis —, melhorias implantadas porque tivemos a noção, a sensibilidade, a inteligência e a pertinácia de seguir a liderança de Jesus. Se a bondade tem lugar no nosso mundo do século XXI é porque Jesus, por meio de suas palavras e ações, nos mostrou como abrir espaço para ela. Nenhum outro homem na história produziu tal efeito por tempo tão longo, sobre toda a superfície da Terra e sobre tal gama de questões.

Mas, claro, Jesus era Deus além de homem. Agora vamos nos voltar para os acontecimentos trágicos, mas ao final gloriosos, que demonstraram suas qualidades sobre-humanas e confirmaram sua divindade.

[illegible] quando [illegible] que, no [illegible] do século XXI, [illegible] [illegible] de [illegible] [illegible] como algo [illegible] da [illegible] entre homem e [illegible] presença [illegible] [illegible] [illegible] a superfície da Terra e sobre [illegible] [illegible] [illegible].

VIII

O julgamento e a crucificação de Jesus

Os acontecimentos que levaram à crucificação de Jesus, como descrita nos quatro Evangelhos, foram complicados, e não surpreende que haja pequenas discrepâncias. Um foi escrito por uma testemunha ocular, e os outros três se basearam em observações de testemunhas. Há unanimidade nos pontos fundamentais. Isso é impressionante, pois há mais concordância entre as fontes no caso da morte de Jesus do que sobre o assassinato de Júlio César no Senado de Roma menos de um século antes, a despeito do fato de que César era um personagem de fama mundial, e o Senado, o centro de governo do universo conhecido. A morte de Jesus, o homem, é uma história trágica. É bem confirmada em quase todos os detalhes, e ao descrevê-la eu estou mesclando todos os quatro Evangelhos para produzir a versão mais completa e verdadeira possível.

Jesus foi, por sua natureza, o mestre religioso mais bem-sucedido da Antiguidade. Sua aparência, sua voz, suas palavras, sua combinação única de autoridade e gentileza o tornavam atraente a pessoas de todas as idades, classes sociais e raças. E ele curou doentes, normalmente em particular e a pedido deles. Nunca usou uma cura para fazer uma demonstração. Mas seus poderes estavam lá, e isso era conhecido. Então, praticamente desde o primeiro dia de seu ministério ele chamou a atenção das autoridades, principalmente as religiosas. Elas o temiam. Elas o viam como uma ameaça a suas posições e mesmo suas vidas. O sumo sacerdote Caifás, um manipulador desonesto e habilidoso que valorizava e gostava muito de seu poder de líder espiritual da comunidade judaica ortodoxa, se dava bastante bem com Pôncio Pilatos, o governador romano da Judeia, e Herodes Antipas, o principal rei judeu secular da região, e queria manter essas relações do modo como estavam. Um pregador judeu popular que ele não controlava era uma ameaça à sua autoridade, e se os ensinamentos dele se revelassem revolucionários, poderia haver tumultos, pelos quais seria culpado. Com a fama de Jesus se espalhando e o número de pessoas que ele atraía aumentando, também a ameaça parecia crescer. Notícias de que ele convencera mais de cinco mil pessoas a subir uma montanha para ouvi-lo pregar lá e depois, por um "milagre", as alimentara regiamente com peixe e pão aterrorizavam os sacerdotes estabelecidos. E se fizesse aquilo em uma cidade? Não poderia então tomá-la pela força? E se fizesse na própria Jerusalém? Poderia então ocupá-la, proclamar-se outro rei Davi e se tornar sacerdote-rei. Os romanos então se retirariam, com exceção da fortaleza Antônia, voltariam com enormes reforços da Síria, tomariam a cidade, massacrariam todos os habitantes judeus, incluindo, especialmente, os sacerdotes, e a arrasariam. De fato, eram perfeitamente capazes, pois haviam feito isso a outras cidades rebeldes de seu império. E em certo sentido eles tinham o direito de temer, pois tal catástrofe aconteceu uma geração depois, por volta de 70 d.C., e Jerusalém foi tomada; de fato, por volta do ano 132, após outro tumulto, ela foi literalmente destruída, não sobrando pedra sobre pedra. Mas eles nunca fizeram nenhum esforço sério para descobrir exatamente o que Jesus estava ensinando e como via o clímax de seu ministério. Periodicamente enviavam espiões ou agentes provocadores para levá-lo a fornecer provas verbais prejudiciais a serem usadas depois para levá-lo à morte. Mas nunca aceitaram sua garantia de que o reino do qual ele falava era espiritual, não deste mundo. Era estranho à natureza deles reconhecer um homem santo sem ambições terrenas. Eles eram corruptos e materialistas, incapazes de reconhecer bondade espiritual quando a encontravam. Não exatamente negavam o poder de Jesus, mas alegavam que era obra do demônio, assim como os líderes espirituais do atual Irã chamam seus oponentes de Satanás.

Jesus certamente não desejava desafiar o alto sacerdócio. Durante três anos ele se esforçou para evitar um confronto direto. Só raramente foi aos centros populosos da Judeia, especialmente Jerusalém, e sem se exibir. Implorou aos que havia curado que não se vangloriassem do que acontecera. Com frequência ensinou em casas particulares, ao ar livre no interior ou no litoral da Galileia, para provocar as autoridades o mínimo possível. Nunca falou contra o governo romano — exatamente o contrário —, e se criticava a liderança judaica era apenas em termos espirituais. Externamente ele não tinha nada de revolucionário, sendo um personagem amistoso e gentil dizendo às pessoas para serem resignadas, louvando a humildade, amando os pobres e pedindo a todos que oferecessem a outra face. Que mal ele podia fazer?

Mas em um sentido ele era um revolucionário. Ele pedia uma revolução nos corações de homens e mulheres — uma passagem do mundano para a vida espiritual. E isso foi suficiente para produzir uma efervescência social que por sua vez deflagrou a crise. Ademais, embora Jesus sempre tomasse o cuidado de evitar antagonizar deliberadamente os sacerdotes, sabia que seu destino era o sacrifício e que sua vida seria perdida falando a verdade. Sempre dizia a verdade — "Eu sou o Caminho, a Verdade e a Vida" era sua regra, seu slogan, seu lema, seu manifesto —, e tendeu a dizer isso com mais clareza e veemência à medida que seu ministério avançava. Os líderes religiosos estavam sempre planejando prendê-lo e condená-lo à morte. Teriam feito isso em meia dúzia de oportunidades, mas ou Jesus escapou antes que pudessem prendê-lo ou a multidão que o cercava era entusiasmada e grande demais para permitir isso sem uma batalha encarniçada, que poderiam perder. Os sacerdotes tinham uma força armada de guardas do Templo, mas era discutível se possuíam o poder, secular ou espiritual, de impor, quanto mais executar, uma sentença de morte. No caso de João Batista, eles haviam sido poupados do problema pelas maquinações de Herodíades e as habilidades tortuosas de sua filha Salomé. Contra Jesus eles esperavam insuflar uma malta de judeus raivosos para apedrejá-lo até a morte. Mas nunca tiveram essa oportunidade. Ele era popular demais. Verdade que, com tempo suficiente, os sacerdotes podiam reunir uma multidão de servos de até mil, que fariam uma manifestação pública. No final, foi exatamente o que fizeram. Como controlavam o acesso restrito ao pátio da frente do palácio do governador, a demonstração pareceu eficaz. A experiência moderna nos ensina quão facilmente esses protestos oficiais podem ser encenados pelas autoridades.

Dois acontecimentos finalmente levaram os sacerdotes a agir e tornaram a ação possível. Pouco antes da festa da Páscoa na primavera, Jesus fez se erguer dentre os mortos seu amigo Lázaro, irmão de Marta e Maria e bastante conhecido e estimado entre a comunidade em Betânia, onde era sua casa, e em Jerusalém. Os textos sugerem certa relutância da parte de Jesus, embora na verdade não digam que ele deliberadamente postergou. No final, Lázaro estava morto havia quatro dias quando Jesus chegou a seu túmulo lacrado e gritou para que saísse. Não havia dúvida de que a ressurreição de Lázaro era um acontecimento milagroso. Havia muitas testemunhas tanto de sua morte quando de seu reaparecimento. Não poderia ser um truque, e não havia outra explicação a não ser que se dera um acontecimento miraculoso. Só se falava disso em

Jerusalém, e os sacerdotes ficaram alarmados. De fato, eles finalmente decidiram agir contra o homem que (em sua visão) podia convocar Satanás para ajudá-lo. Também planejaram matar Lázaro antes que pudesse divulgar o que acontecera.

O segundo acontecimento foi a decisão de Jesus de que chegara o momento de fazer seu sacrifício, para o qual havia sido mandado à terra, e entrar publicamente em Jerusalém. Há um indício disso um pouco antes, em Lucas: "Quando se completaram os dias de sua assunção, ele tomou resolutamente o caminho de Jerusalém." (9:51) Sempre era especialmente perigoso para ele colocar os pés na cidade, particularmente depois do caso de Lázaro. No relato de são João, que é o mais específico na cronologia, ele começou a semana da Paixão no sábado, o sabá judaico, jantando na casa de Lázaro com Marta, Maria e outros amigos. Maria, "tendo tomado uma libra de um perfume de nardo puro, muito caro, ungiu os pés de Jesus e os enxugou com os cabelos, e a casa inteira ficou cheia do perfume do bálsamo". Essa reencenação deliberada do ato de caridade da mulher pecadora na casa do fariseu Simão provocou a raiva de Judas Iscariotes, o responsável pelos fundos usados pelos discípulos. Mas quando ele disse (sendo um ladrão, como escreve João): "Por que não se vendeu este perfume por trezentos denários para dá-los aos pobres?", Jesus respondeu: "Deixa-a; ela conservará esse perfume para o dia da minha sepultura. Pois sempre tereis pobres convosco; mas a mim nem sempre tereis." (Jo 12:3-8)

Essa insinuação da morte que se aproximava foi ignorada, e no dia seguinte ele e seu grupo partiram abertamente para entrar na grande cidade. Todos sabiam. As multidões eram imensas. Jesus se sentou "em um jumentinho", e o povo "tomou ramos de palmeira e saiu a seu encontro, clamando: Hosana! Bendito o que vem em nome do Senhor e o rei de Israel!" (Jo 12:13-14) Jesus, sabendo que seu momento chegara, não tentou impedir a aclamação, que depois seria celebrada nas igrejas cristãs como Domingo de Ramos. Jesus deixou que a excitação passasse e, em vez de operar milagres, como os sacerdotes haviam esperado, passou os três dias seguintes, segunda, terça e quarta-feira, principalmente rezando no Monte das Oliveiras, na periferia da cidade. Enquanto isso, Judas Iscariotes, tentado por Satanás, procurou os sacerdotes e perguntou: "'O que me dareis se eu o entregar?' Fixaram-lhe, então, a quantia de trinta moedas de prata. E a partir disso, ele procurava uma oportunidade para entregá-lo." (Mt 26:15-16) Ele decidiu que a melhor oportunidade seria na quinta-feira, depois do jantar, quando Jesus fosse ao monte para rezar. Estaria escuro, sem ninguém por perto, e ele (disse) indicaria quem era Jesus o beijando em saudação. Os sacerdotes, que temiam uma multidão com Jesus durante o dia, concordaram e disseram que estariam lá com os guardas do Templo.

O *Pessach*, ou festa do pão ázimo no calendário judaico, durava vários dias. Quinta-feira era um dia de festa, seguido por um jejum (sexta-feira), depois o *Pessach* (sábado). Na terça-feira os discípulos perguntaram a Jesus onde ele gostaria de fazer a refeição. Ele disse a dois de seus discípulos: "Ide à cidade. Um homem levando uma bilha d'água virá ao vosso encontro. Segui-o. Onde ele entrar, dizei ao dono da casa: 'O Mestre te pergunta: onde está a minha sala, em que poderei comer a Páscoa com os meus discípulos?' E ele vos mostrará, no andar superior, uma sala arrumada com almofadas. Fazei os preparativos ali para nós." (Mc 14:13-15) Eles obedeceram. Foi como ele havia dito, e na noite de quinta-feira os Doze se sentaram juntos.

Judas Iscariotes estava entre eles, pois precisava identificar Jesus para os guardas do Templo quando fossem fazer a prisão mais tarde, como combinado. João, que se identifica em sua narrativa — "Estava à mesa, ao lado de Jesus, um de seus discípulos, aquele que Jesus amava" —, diz de Jesus que "perturbou-se em seu espírito" e disse que "um de vós me entregará". Os discípulos "entreolhavam-se, sem saber de quem falava". Pedro faz-lhe então um sinal:

> *"Pergunta-lhe quem é aquele de quem fala." Ele, então, reclinando-se sobre o peito de Jesus, diz-lhe: "Quem é, Senhor?" Responde Jesus: "É aquele a quem eu der o pão que umedecerei no molho." Tendo umedecido o pão ele o toma e dá a Judas, filho de Simão Iscariotes. Depois do pão, entrou nele Satanás. Jesus lhe diz: "Faze depressa o que estás fazendo." Nenhum dos que estavam à mesa compreendeu por que lhe dissera isso. (...) Tomando, então, o pedaço de pão, Judas saiu imediatamente. Era noite. (13:24-30)*

Achamos curioso que os alertas de Jesus contra a traição não tenham deixado os 11 apóstolos mais alarmados: pois também suas vidas corriam risco. Nem eles prestaram muita atenção às repetidas indicações de Jesus de que seu sacrifício supremo estava prestes a acontecer. Talvez fosse diferente caso houvesse mulheres presentes à Última Ceia. Elas eram mais sensíveis a esses indícios: a sinais e sonhos, suspiros e evidências de preocupação por parte de Jesus. Mas sua mãe, Maria, e Maria Madalena, e Marta e Maria de Betânia, e Joana e Suzana (cujos recursos provavelmente pagaram a conta do jantar) não foram convidadas. Era uma ocasião exclusivamente masculina, como muitas vezes em refeições de *Pessach*. Jesus queria assim. Segundo Lucas, ele começou a refeição dizendo: "Desejei ardentemente comer esta páscoa convosco antes de sofrer." (22:15) Segundo João, ele também queria realizar uma última cerimônia de humildade lavando os pés de seus apóstolos (13:4-12): "Levanta-se da mesa, depõe o manto e, tomando uma toalha, cinge-se com ela. Depois põe água numa bacia e começa a lavar os pés dos discípulos e a enxugá-los com a toalha com que estava cingido." Pedro protestou.

Jesus: Se eu não te lavar, não terás parte comigo.

Pedro: Senhor, não apenas meus pés, mas também as mãos e a cabeça.

Jesus: Quem se banhou não tem necessidade de se lavar, porque está inteiramente puro. Vós também estais puros, mas não todos.

Segundo os sinópticos (Mt 26:26-30; Mc 14:22-26; Lc 22:14-22), Jesus usou a ceia para criar uma cerimônia simbólica ligando comer pão e beber vinho ao sacrifício de seu corpo e o derramamento de seu sangue que se avizinhavam. As palavras são importantes e quase idênticas nos três relatos, e partes se repetem nos Atos dos Apóstolos (2:42-46; 20:7) e na primeira epístola de Paulo aos coríntios (1:10-16, 11:24--25). Jesus disse que a ceia era a última refeição que faria antes de seu sacrifício, e o último vinho que iria beber "até que venha o Reino de Deus" (Lc 22:18). Lucas descreve então o que se seguiu: "E tomou um pão, deu graças, partiu e deu-o a eles, dizendo: 'Isto é o meu corpo que é dado por vós. Fazei isto em minha memória.' E, depois de comer, fez o mesmo com o cálice, dizendo: 'Esse cálice é a nova Aliança em meu sangue, que é derramado por vós.'" Em sua carta aos coríntios, Paulo reforça a ordem de Jesus dada por Lucas: "Fazei isto em memória de mim."

É curioso que João, que estava presente, não registre essas palavras pelas quais Jesus instituiu o sacramento da Comunhão, que foi o cerne da cerimônia realizada sempre que cristãos se reuniram nas duas décadas seguintes à morte de Jesus e permanece igual desde então. Mas João já havia registrado Jesus usando palavras similares, chamando a si mesmo de "o pão da vida" ao alimentar os cinco mil: "Eu sou o pão vivo (...) O pão que eu darei é a minha carne para a vida do mundo." (6:51) Ademais, no lugar disso, João oferece um longo discurso escatológico sobre morte, julgamento, inferno e céu, que Jesus considerou sua última mensagem importante aos discípulos, e que incluiu alguns dos ditos mais memoráveis: "Permanecei em mim, como eu em vós." "Eu sou a videira, e vós os ramos." "Cesse de perturbar-se o vosso coração! Credes em Deus, crede também em mim." "Na casa de meu pai há muitas moradas (...) pois vou preparar-vos um lugar." "Eu sou o Caminho, a Verdade e a Vida. Ninguém vem ao Pai a não ser por mim." "Deixo-vos a paz, minha paz vos dou." "Ninguém tem mais amor do que aquele que dá a vida por seus amigos." "Um pouco de tempo e não me vereis e novamente um pouco de tempo e me vereis." "Vou para o Pai." (15:4,5; 14:1,2,6,27; 15:13; 16:17)

A Última Ceia terminou com Jesus liderando os 11 apóstolos no canto de um hino. Não foi dada atenção suficiente aos hinos oferecidos nos Evangelhos. O *Magnificat* da Virgem Maria, o *Benedictus* de Zacarias, o *Nunc Dimittis* de Simeão e o *Gloria in Excelsis* cantado pelos anjos (todos registrados em Lucas) foram complementados pelo hino de Hosana, ou choro de louvor, do Domingo de Ramos. E talvez os versículos iniciais de João sejam um hino ao Logos originalmente organizado em três versos. Uma pena que não tenhamos o texto do hino da Última Ceia, mas sem dúvida devemos agradecer pela instituição da Comunhão, pois os Atos dos Apóstolos registram os primeiros cristãos refletindo a tradição da Última Ceia, tomando a comunhão "com alegria e simplicidade de coração". E "louvavam a Deus" — de uma forma que soa como um hino cantado (2:46-47). E é adequado que o último hino registrado nos Evangelhos seja um agradecimento alegre antes dos horrores próximos.

Embora a câmara exibida hoje em Jerusalém como sendo a sala superior onde aconteceu a Última Ceia possa não ser a construção real, a localização é plausível. Por outro lado, o Monte das Oliveiras e o Jardim de Getsêmani quase certamente são os locais registrados nos Evangelhos. Segundo Lucas, ele novamente os alertou para os problemas que se seguiriam, e quando Pedro disse: "Senhor, estou pronto a ir contigo à prisão e à morte", Jesus retrucou com tristeza: "Pedro, eu te digo: o galo não cantará hoje sem que por três vezes tenhas negado conhecer-me." Ele também os alertou de que precisariam de dinheiro no futuro e deveriam vender seus bens para comprar espadas. Responderam: "'Senhor, eis aqui duas espadas!' Ele respondeu: 'É suficiente.'" Então foram para o jardim, provavelmente particular, pertencente a um seguidor rico, e que eram autorizados a usar. Jesus disse que rezassem, "e afastou-se deles mais ou menos um tiro de pedra, e, dobrando os joelhos, orava" (22:31-41).

Essa longa prece é tradicionalmente chamada de Agonia no Jardim, pois nela Jesus pediu que "o cálice" fosse afastado e se submeteu à vontade de seu Pai — "Não a minha vontade, mas a tua seja feita!" Lucas diz que, "cheio de angústia, orava com mais insistência ainda, e o suor se lhe tornou semelhante a espessas gotas de sangue que caíam por terra". Apareceu um anjo, "que o confortava", mas não fica claro como Lucas soube disso, pois quando Jesus havia terminado sua prece "veio para junto dos discípulos e encontrou-os adormecidos de tristeza" (22:42-45). A prece de Jesus demorou um longo tempo (o relato de Mateus diz que ele voltou três vezes e encontrou seus apóstolos adormecidos). Isso ilustra a intensidade de sua comunhão com o Pai em oração, a enormidade de seu medo, seu horror e repulsa com a perspectiva da crucificação, e ao mesmo tempo a coragem e a resolução com as quais colocou de lado seu terror e se preparou para a morte. A calma posterior de Jesus durante os insultos e sofrimentos que suportou se deve à perfeição como se preparou pela oração — uma das grandes lições de sua Paixão.

Mateus registra Jesus indo a seus discípulos três vezes (26:40-49). Na terceira oportunidade ele disse, resignado: "Dormi agora e repousai: eis que a hora está chegando." Então os soldados do Templo e os guarda-costas do sumo sacerdote chegaram — "uma grande multidão" — "com espadas e paus". Judas, com eles, disse: "É aquele que eu beijar; prendei-o." Ele beijou Jesus, dizendo: "Salve, Rabi." Segundo Lucas, Jesus retrucou: "Judas, com um beijo entregas o Filho do Homem?" (22:48) Os apóstolos então se deram conta do que estava acontecendo e perguntaram a Jesus: "Senhor, e se ferirmos à espada?" (22:49) Lucas acrescenta: "E um deles feriu o servo do sumo sacerdote, decepando-lhe a orelha direita." Jesus negou a eles o direito a resistir: "Deixai! Basta!" Ele tocou a orelha do homem e "curou-o". Então se virou para os sacerdotes e "chefes da guarda do Templo" e disse: "Como a um ladrão saístes com espadas e paus? Eu estava convosco no Templo todos os dias e não pusestes a mão sobre mim. Mas é a vossa hora, e o poder das Trevas." (22:50-53)

Eles então o levaram à casa do sumo sacerdote. No relato de Mateus, "todos os discípulos, abandonando-o, fugiram" (26:56). Depois de todo o vangloriar, isso foi desprezível. É de pensar o que teria acontecido caso as mulheres estivessem com eles. Não conseguimos ver a Virgem Maria abandonando seu filho, ou Maria Madalena, ou a vigorosa Marta. Teria havido uma cena de feroz resistência, e sangue teria corrido. Fazendo justiça aos homens, Jesus não os chamou para a luta, exatamente o contrário. Eles não compreenderam sua decisão de ser resignado no sofrimento, embora tivesse explicado isso o bastante. Ficaram confusos. Careciam de liderança. Pedro não a deu a eles. Também fugiu. Mas depois retornou e se sentou no pátio exterior do palácio do sumo sacerdote enquanto Jesus era mantido no interior. Três vezes ele foi perguntado, duas por servos, uma pela malta: "De fato, também tu és um deles; pois o teu dialeto te denuncia" — uma referência ao seu sotaque galileu. Ele negou cada vez ("Não sei o que dizes (...) Não conheço esse homem"), na terceira praguejando e jurando. Então o galo cantou, e Pedro se lembrou da profecia de sua traição por Jesus: "Saindo dali, chorou amargamente." (26:69-75) E quanto ao verdadeiro traidor, o infeliz Judas? Mateus diz que quando ele reconheceu a enormidade do que havia feito, "sentiu remorsos e veio devolver aos chefes dos sacerdotes e aos anciãos as trinta moedas de prata, dizendo: 'Pequei, entregando sangue inocente.' Mas estes responderam: 'Que temos nós com isso? O problema é teu.' Ele, atirando as moedas no Templo, retirou-se e foi enforcar-se." Judas e seu crime, bem como seu triste destino, geraram muitas histórias nos primórdios da Igreja. Tudo o que sabemos é que "os chefes dos sacerdotes, tomando as moedas, disseram: 'Não é lícito depositá-las no tesouro do Templo, porque se trata de preço de sangue.' Assim, depois de deliberarem em conselho, compraram com elas o campo do Oleiro para o sepultamento dos estrangeiros. Eis por que até hoje aquele campo se chama 'Campo de sangue.'" (27:3--8) Ele ficava na encosta sul do vale do Hinom, perto do vale Kidron, e é conhecido pela palavra aramaica Akeldama. Sua suposta localização, assim como a de muitos outros lugares mencionados nos Evangelhos, é apresentada aos visitantes, e aqueles que vão rezar pela alma de Judas — perdida ou não, não podemos dizer — podem acreditar que é o lugar exato caso queiram.

Veio então o longo procedimento dos julgamentos e condenação de Jesus, que demorou o resto da noite de quinta--feira até o galo cantar ao alvorecer, e a maior parte da manhã de sexta-feira. Na verdade houve três julgamentos: perante o sumo sacerdote, perante Herodes Antipas e perante Pilatos. Todos os quatro evangelistas contribuem com algo em substância e detalhes. O que as narrativas produzem, de fato, e talvez intencionalmente, é uma condenação amargamente irônica da justiça humana. Mentira e perjúrio, preconceito e falso testemunho, ansiedade para tirar uma vida inocente, mas determinação de evitar qualquer responsabilidade repassando a decisão a outros, covardia de todos os lados, não sem um toque vil de frivolidade — essas foram as principais características dos julgamentos de Jesus.

O sumo sacerdote Caifás estava muito ansioso para empurrar Jesus para a morte, mas também foi covarde demais para dar a sentença ele mesmo. Então repassou a responsabilidade a Pilatos. Pilatos era outro homem covarde e indeciso. Ao ouvir que Jesus era galileu, ele imediatamente enviou o prisioneiro a Herodes Antipas: como disse, Herodes era o governante da Galileia, portanto tinha jurisdição. Mas Herodes, descobrindo que Jesus não estava disposto a responder — não iria reconhecer o tribunal do homem que, em sua frívola depravação, decapitara seu primo João Batista pelos caprichos de uma dançarina de leque —, o mandou de volta a Pilatos. E Pilatos finalmente transferiu a decisão para uma malta sob sua janela: não uma verdadeira malta da ralé de Jerusalém, mas uma orquestrada e ensaiada a gritar palavras de ordem pelos sacerdotes, seus senhores. Pilatos condenou Jesus não porque fosse culpado — e, mais importante, sua esposa acreditava que fosse inocente —, mas porque temia que os líderes religiosos judeus o denunciassem a Roma, onde sua posição era frágil. E enquanto esse simulacro de justiça era encenado, um punhado de servos e soldados esperava do lado de fora que Jesus fosse deixado um pouco com eles, para que pudessem encenar um contraponto brutal à irresponsável maldade daqueles superiores a eles cuspindo em seu rosto, o vestindo com mantos sujos, o coroando com espinhos e escarnecendo dele com frases obscenas. Difícil dizer quem se comportou pior: aqueles em altos postos ou os subalternos que os serviam. Jesus, como sempre, foi caridoso. "Pai, perdoai-os; pois não sabem o que fazem."

Mateus nos conta que Jesus foi levado à casa de Caifás, "onde os escribas e os anciãos estavam reunidos" (26:57ss). João diz que Jesus foi levado primeiramente à casa de Anás, sogro e predecessor do sumo sacerdote. Lá havia testemunhas reunidas, e Anás perguntou a ele sobre sua doutrina. Jesus disse: "Falei abertamente ao mundo. Sempre ensinei na sinagoga e no Templo, onde se reúnem todos os judeus, nada falei às escondidas. Por que me interrogas? Pergunta aos que ouviram o que lhes ensinei; eles sabem o que eu disse." Com isso, um dos guardas de Anás deu uma bofetada em Jesus, dizendo: "Assim respondes ao sumo sacerdote?" Jesus respondeu: "Se falei mal, testemunha sobre o mal; mas, se falei bem, por que me bates?" (18:20-23) Anás decidiu amarrá-lo e mandá-lo sob escolta para Caifás, com todas as testemunhas que conseguira reunir. O que ele e Caifás queriam eram judeus respeitáveis que jurassem que Jesus se proclamara o Cristo, o Rei de Israel e o Filho de Deus, para que, como diz Mateus, pudessem condená-lo à morte (26:59). Eles encontraram "muitos" para testemunhar, mas nenhum do tipo que desejavam, o que levou Caifás a dizer: "Nada respondes? Que testemunham estes contra ti?" Jesus permaneceu calado, e Caifás gritou: "Eu te conjuro pelo Deus Vivo que nos declares se tu és o Cristo, o Filho de Deus!" Jesus retrucou: "Tu o disseste. Aliás, eu vos digo que, de ora em diante, vereis o Filho do Homem sentado à direita do poder e vindo sobre as nuvens do céu." (26:62-64)

A resposta foi enigmática, e não a que Caifás desejava ouvir. Não era uma admissão que chocasse os judeus ortodoxos ou convencesse os romanos de que ali estava um perigoso rebelde. Mas ele decidiu que teria de bastar. Declarou que Jesus pronunciara blasfêmias, e então rasgou suas vestes. A lei judaica previa poucas situações em que vestes deviam ser rasgadas, como morte e blasfêmia. No último caso eram rasgadas tanto as vestes externas quanto as internas. Mas o sumo sacerdote vestia um peitilho duplo fácil de rasgar e descartável, já que a lei, que tinha 39 regras, dizia que no caso de blasfêmia o rasgo devia ter o tamanho de um punho e expor o peito, e nunca ser consertado. Então Caifás rasgou os dois lados do peitilho, expondo rapidamente sua pele. Mesmo essa cerimônia de desfiguração teve um elemento de fraude e falsidade (Mt 26:65; Mc 14:63). Mas ele rasgou com disposição e disse: "Que necessidade temos ainda de testemunhas? Vede: vós ouvistes neste instante a blasfêmia."

Os presentes disseram: "É réu de morte." Então, diz Mateus, "cuspiram-lhe no rosto e o esbofetearam. Outros lhe davam bordoadas, dizendo: 'Faze-nos uma profecia, Cristo: quem é que te bateu?'" Segundo o relato de Lucas (23:1ss), "toda a multidão se levantou" e entrou no palácio, gritando que Jesus estava "subvertendo nossa nação", "impedindo que se paguem os tributos a César e pretendendo ser Cristo Rei", e que "ele subleva o povo". Pilatos observou a cena com desgosto. Tinha suas próprias informações sobre as atividades de Jesus e sabia que as acusações eram falsas. Ocupava o cargo havia vários anos e desgostava profundamente do extremismo religioso judaico, tendo entrado em choque com ele duas vezes antes. Quando, para cair nas graças de seus superiores em Roma, levara a Israel insígnias com a imagem de César, os sacerdotes haviam protestado. O historiador judeu Josefo diz que uma grande multidão de fanáticos fez um jejum público, que ele dissolveu usando tropas. Voltara a usá-las quando os sacerdotes e sua malta se rebelaram novamente contra a decisão de confiscar os recursos do Templo para pagar um aqueduto de 56 quilômetros levando água a Jerusalém. Muitos haviam sido mortos. Havia judeus em altos postos vivendo em Roma, e não era difícil para os sacerdotes fazer protestos prejudiciais junto às autoridades de lá. De fato, seis anos após a crucificação, um choque semelhante entre os soldados de Pilatos e uma procissão religiosa, dessa vez samaritana, seguida de protestos em Roma, levou à sua queda (Josefo, *Antiguidades judaicas*, 18.4:1-2).

Pilatos ficou incomodado com Caifás por ter levado tal reunião de militantes barulhentos para gritar palavras de ordem em seu palácio. E também impressionado com o silêncio digno de Jesus. Quando o tumulto diminuiu, Pilatos perguntou a Jesus: "És tu rei dos judeus?", ao que Jesus replicou: "Tu o dizes." (Lc 23:3) Quando falou, foi esse o tom que ele adotou: sou acusado de todo tipo de coisas, mas não aleguei isso — o que era verdade. Pilatos se voltou para Caifás e disse: "Não encontro nesse homem motivo algum de condenação." (Lc 23:4) Ele queria dizer: não fez nada a que as autoridades romanas possam objetar. Com isso o tumulto recomeçou. "Certificando-se de que ele pertencia à jurisdição de Herodes", Pilatos aproveitou a oportunidade para transferir a responsabilidade para o homem que governava a Galileia, Herodes Antipas. Então ordenou que Jesus fosse levado à corte de Herodes, que ficava em outra área do enorme palácio construído por Herodes, o Grande.

Lucas diz que Herodes ficou "muito contente" por ver Jesus. Havia muito desejava isso "pelo que ouvia dizer dele; e esperava ver algum milagre feito por ele". Ele "interrogou-o com muitas perguntas". Mas Jesus não disse nada. Não falaria com o homem depravado que assassinara seu primo João a pedido da esposa e da enteada. Enquanto Jesus permanecia em silêncio, Caifás e seus sacerdotes insistiam no coro de agressões e acusações. Herodes finalmente se cansou do jogo e mandou Jesus de volta a Pilatos, mas não antes que seus "homens de guerra", como Lucas os chama, o tratassem "com desprezo e escárnio (...) vestindo-o com uma veste brilhante". Ao narrar isso, Lucas diz que o gesto de Pilatos respeitando a jurisdição de Herodes foi apreciado: "E nesse mesmo dia Herodes e Pilatos ficaram amigos entre si, pois antes eram inimigos." (23:8-12)

Então Pilatos se viu novamente com o problema de Jesus. Fez uma segunda tentativa de poupá-lo. Mateus escreve que na festa do *Pessach* o governador costumava libertar um prisioneiro a pedido do povo (27:15ss). Sabendo da popularidade de Jesus com o povo local, propôs fazer isso. Supôs que a multidão exigiria a liberdade de Jesus, pois sabia que os sacerdotes haviam sido movidos por "inveja" (a palavra que Mateus usa em 27:18) e tinham pouco apoio popular. O que ele não sabia era que os sacerdotes haviam organizado uma manifestação integrada por funcionários do Templo, e que aquela multidão educada estava do lado de fora do palácio esperando pela cerimônia de libertação; assim, quando Pilatos, apoiado pela esposa, que sabia tudo sobre Jesus e o queria libertado (27:19), sentou-se em seu tribunal e perguntou quem ele deveria libertar, a multidão gritou: "Barrabás." Esse homem, descrito por Mateus como um preso "famoso", estava na cadeia por roubo e assassinato, e pela suspeita de planejar uma insurreição. Normalmente os sacerdotes teriam ficado ansiosos para que fosse executado. Mas naquele momento consideravam Jesus um perigo maior, então a multidão havia sido ensaiada para isso.

Barrabás foi libertado, para desgosto de Pilatos. Ele então perguntou à multidão: "Que fareis de Jesus, que chamam de Cristo?" Todos responderam: "Seja crucificado!" Pilatos insistiu: "Mas que mal ele fez?" Segundo Mateus, eles "gritavam com mais veemência: 'Seja crucificado!'" (27:22-23)

Pilatos realizou então uma cerimônia simbólica de um juiz se isentando da responsabilidade pela pressão popular: "Pegou água e, lavando as mãos, na presença da multidão, disse: 'Estou inocente desse sangue. A responsabilidade é vossa'. A isso todo o povo respondeu: 'O seu sangue caia sobre nós e sobre nossos filhos.'" (27:24-25) Pilatos fez então que Jesus fosse açoitado por seus soldados, que usaram o terrível *flagellum*, um instrumento em que tiras de couro com peças ásperas de chumbo ou ferro eram presas a um grosso cabo de madeira. Depois do açoite os soldados responsáveis o levaram ao "Pretório [e] reuniram contra ele toda a coorte. Despiram-no e puseram-lhe uma capa escarlate. Depois, tecendo uma coroa de espinhos, puseram-lhe na cabeça e um caniço na mão direita.

E, ajoelhando-se diante dele, diziam-lhe, caçoando: 'Salve, rei dos judeus.' E, cuspindo nele, tomavam o caniço e batiam-lhe na cabeça" (27:27-30).

Encontrando Jesus nesse estado, Pilatos fez mais uma tentativa de apelar à piedade dos líderes judeus e da multidão. Segundo João, ele disse: "'Vede: eu vo-lo trago aqui fora, para saberdes que não encontro nele motivo algum de condenação.' Jesus, então, saiu, trazendo a coroa de espinhos e o manto púrpura. E Pilatos lhes disse: 'Eis o homem!' Quando os chefes dos sacerdotes e os guardas o viram, gritaram: 'Crucifica-o! Crucifica-o!' Disse-lhes Pilatos: 'Tomai-o vós e crucificai-o, porque eu não encontro nele motivo de condenação.'" (19:4--6) Assim se deu o maior erro judicial da história, a exemplar e arquetípica deformação da lei, dos procedimentos judiciais, das regras de evidência e prova e de todos os processos ordeiros segundo os quais um veredicto é dado. Todos os vícios e fraquezas que contaminam a justiça estiveram presentes, de covardia e perjúrio até clamor popular. Tanto judeus quanto romanos, em suas diferentes tradições, reverenciavam a lei. Foram os maiores juristas de todos os tempos. Mas ali eles se uniram para encenar uma fraude conjunta, que ressoou pelos séculos como a antítese do Direito. Difícil dizer quem foi mais culpado por esse enorme mal: Caifás, o acusador, ou Pilatos, que tinha o poder.

No relato de João (19:9-22) a questão do poder foi discutida. Pilatos, disse João, ficou "aterrado" com as acusações de Caifás, e mais uma vez examinou Jesus açoitado e sangrando, vestindo sua coroa de espinhos. Perguntou: "De onde és tu?" Mas Jesus não disse nada. Pilatos insistiu: "Não me respondes? Não sabes que eu tenho poder para te libertar e poder para te sacrificar?" Jesus respondeu: "Não terias poder algum sobre mim, se não te fosse dado do alto; por isso, quem a ti me entregou tem maior pecado." Portanto, esse foi o veredicto do próprio Jesus sobre a culpa relativa de Caifás e Pilatos, sacerdote judeu e governador romano. Nesse momento Caifás e sua multidão disseram: "Se o soltas, não és amigo de César! Todo aquele que se faz rei, opõe-se a César!" Era uma ameaça implícita de denunciá-lo a Roma, e Pilatos desistiu. Então assinou a ordem, de seu posto no tribunal, no lugar chamado Pavimento, Gábata em hebraico, para que Jesus fosse crucificado imediatamente. Ele também escreveu um título, que ordenou que fosse colocado na cruz de Jesus: "JESUS NAZAREU, O REI DOS JUDEUS". Por ordem sua, foi escrito em hebraico e grego, além de latim. Caifás protestou: "Não escrevas 'O rei dos judeus', mas 'Este homem disse: Eu sou o rei dos judeus'." Pilatos respondeu: "O que escrevi, escrevi."

Segundo os costumes penais, Jesus foi obrigado a carregar a pesada cruz na qual seria crucificado até o local da execução, Gólgota, que significava "Lugar da Caveira". Não é uma distância longa: é possível percorrê-la agora pelas ruas estreitas da velha Jerusalém. Mas Jesus, enfraquecido pelo choque, pela perda de sangue, não tendo dormido e submetido a várias crueldades, golpes e tapas, tropeçou três vezes sob seu fardo. Então os soldados que o escoltavam obrigaram um estranho de passagem, Simão de Cirene, a ajudá-lo a carregar a cruz. Lucas diz que uma multidão se reuniu para assistir: não a malta ensaiada do Templo, mas cidadãos comuns, "grande multidão do povo (...) como também mulheres, que batiam no peito e se lamentavam por causa dele". Jesus interrompeu sua *via dolorosa* e falou a elas: "Filhas de Jerusalém, não choreis por mim, chorai, antes, por vós mesmas e por vossos filhos! Pois eis que virão dias em que se dirá: Felizes as estéreis, as entranhas que não conceberam e os seios que não amamentaram! Então começarão a dizer às montanhas: Caí sobre nós! E às colinas: Cobri-nos! Porque se fazem assim com o lenho verde, o que acontecerá com o seco?" (23:27-31) É impressionante que Jesus, em sua fraqueza e dor, fosse novamente o poeta, oferecendo seu hino de alerta, que seria plenamente justificado uma geração depois no terrível cerco da cidade. Muitas daquelas mulheres que choravam, e mais ainda seus filhos, seriam massacrados.

De fato, nos últimos estágios as mulheres assumiram. Jesus foi pregado à cruz, e João, uma testemunha, diz: "Perto da cruz de Jesus, permaneciam de pé sua mãe, a irmã de sua mãe, Maria, mulher de Cléofas, e Maria Madalena." Nada é dito sobre os discípulos homens, ou os apóstolos, exceto um. O próprio João estava lá, e da cruz Jesus o recomendou à sua mãe: "Mulher, eis teu filho!" Depois disse a João: "'Eis tua mãe!' E a partir dessa hora o discípulo a recebeu em sua casa." (19:25-27)

Havia outros presentes. No relato de Lucas (23:35ss), os sacerdotes vão zombar de Jesus, dizendo: "A outros salvou, que salve a si mesmo, se é o Cristo de Deus, o Eleito!" Os soldados também zombaram dele, oferecendo vinagre para que bebesse. Jesus foi crucificado entre dois ladrões. Um, segundo Lucas,

> *o insultava, dizendo: "Não és tu o Cristo? Salva-te a ti mesmo e a nós." Mas o outro, tomando a palavra, o repreendia: "Nem sequer temes a Deus, estando na mesma condenação? Quanto a nós, é de justiça: pagamos por nossos atos; mas ele não fez nenhum mal." E acrescentou: "Jesus, lembra-te de mim, quando vieres com teu reino." Ele respondeu: "Em verdade, eu te digo, hoje estarás comigo no Paraíso."*

Jesus também falou como homem, conclamando seu Pai a ver seu sofrimento e dar a ele força para suportar. Suas palavras em aramaico, como registradas por Marcos 15:34, foram "*Eloi, Eloi, lamá sabachthâni*", interpretadas como "Deus meu, Deus meu, por que me abandonaste?". Alguns presentes disseram: "Eis que ele chama por Elias!" (Mc 15:35). Jesus também disse: "Tenho sede!" (Jo 19:28) Foi oferecido a ele vinagre misturado a água. João, a testemunha, diz que a escuridão se fez. Jesus estava na cruz havia três horas. Segundo Lucas, ele então "deu um forte grito", dizendo: "Pai, em tuas mãos entrego o meu espírito." (23:46) Também teria murmurado a frase "Está consumado" (Jo 19:30). Foram suas últimas palavras, e (segundo Lucas 23:48 e João 19:30) "entregou o espírito". Sua morte foi edificante, até mesmo nobre. O centurião comandando a guarda glorificou a Deus, dizendo "Realmente, este homem era justo!". Outras pessoas, diz Lucas, bateram no peito (23:47-48).

As mulheres ficaram com ele até o fim, e ajudaram José de Arimateia, que conseguira de Pilatos permissão para baixar o corpo — depois que um soldado confirmou a morte enfiando sua lança no corpo de Jesus, do qual escorreu "sangue e água" —, e Nicodemos, que fornecia especiarias, a vestir e ungir o corpo e colocá-lo em um túmulo. Era cavado em pedra e nunca havia sido usado. Então, o corpo de Jesus, envolto em linho limpo, foi depositado na tumba, e "uma grande pedra" foi rolada até a porta do sepulcro. Maria Madalena e "a outra Maria estavam ali sentadas em frente ao sepulcro" (Mt 27:60-61).

As três horas de Jesus na cruz foram pontuadas por ditos conhecidos desde os tempos antigos como "as sete palavras", e 1.800 anos após terem sido ditas foram transformadas em uma música incomparável por Joseph Haydn. Uma foi reproduzida por Mateus e Marcos, três por Lucas e três por João. Todas incorporam amor: "Pai, perdoa-lhes: não sabem o que fazem." "Mulher, eis teu filho. [Filho,] eis tua mãe." "Hoje estarás comigo no paraíso." "Deus meu! Deus meu! Por que me abandonaste?" "Tenho sede." "Está consumado." "Pai, em tuas mãos entrego o meu espírito." Seu sofrimento, sua sede, seu triunfo parecem resumir sua vida, que foi devotada a expressar seu amor pela humanidade. A cruz e essas palavras ditas marcam o fim de sua missão sacrificial na terra.

IX

A Ressurreição e o nascimento do cristianismo

Jesus foi crucificado e morreu na sexta-feira. No terceiro dia, domingo bem cedo, "quando ainda estava escuro", Maria Madalena foi ao sepulcro. Descobriu que a pedra havia sido tirada. Correu de volta para encontrar Pedro e João (que oferece esse relato no capítulo 20 de seu Evangelho) e disse: "Retiraram o Senhor do sepulcro e não sabemos onde o colocaram." Os dois apóstolos voltaram com ela, correndo. Sendo o mais jovem, João correu mais rápido e chegou lá primeiro. Ele se agachou, olhou por um buraco na pedra para dentro da tumba e viu as faixas de linho espalhadas no piso. Mas não ousou entrar. Pedro então chegou e entrou. Encontrou o sudário que cobrira a cabeça de Jesus, "enrolado em lugar à parte". João então também entrou. Mas nenhum dos dois homens havia compreendido que Jesus se erguera dos mortos. Foram para casa, perplexos.

Mas Maria permaneceu de pé do lado de fora do túmulo, chorando. Então se agachou, olhou para dentro e viu dois anjos vestidos de branco sentados, um à cabeceira e outro aos pés de onde o corpo de Jesus havia sido colocado. Falaram com ela: "Mulher, por que choras?" Ela respondeu: "Porque levaram meu Senhor e não sei onde o puseram." Ela então se virou e de repente viu Jesus lá. Mas não o reconheceu.

Também ele perguntou: "Mulher, por que choras?" Ela achou que devia ser o jardineiro, e perguntou: "Senhor, se foste tu que o levaste, dize-me onde o puseste e eu o irei buscar!" Ele respondeu em um tom que ela reconheceu: "Maria." Ela se deu conta de que era Jesus, e disse: "Mestre!"

Mas ele disse: "Não me toques, pois ainda não subi ao Pai. Vai, porém, aos meus irmãos e dize-lhes: Subo a meu Pai e vosso Pai; a meu Deus e vosso Deus." Assim, Maria Madalena, a antiga pecadora que acreditou e adorou Jesus como Deus feito homem, teve o privilégio único de ser a primeira a ver o Filho de Deus ascendido e anunciar a Ressurreição ao mundo. Ela voltou correndo imediatamente e contou o que tinha visto e as palavras que Jesus lhe dissera.

Os outros três Evangelhos pouco têm de essencial a acrescentar a este relato. Lucas confirma que Maria Madalena estava lá, mas acrescenta que Joana e Maria, mãe de Tiago, também estavam presentes, bem como "outras mulheres". Quando Pedro e os homens ouvem que o corpo de Jesus desapareceu, descartam a notícia como "desvario" e se recusam a acreditar nas mulheres (24:10). Apenas quando Pedro foi à tumba e viu ele mesmo aceitou o fato de que não havia ninguém lá. Mateus diz que Maria Madalena "e a outra Maria" foram saudadas na tumba vazia por um anjo, cujo "aspecto era como o do relâmpago e a sua roupa, alva como a neve". Mateus acrescenta que "os guardas tremeram de medo dele e ficaram como mortos". Segundo seu relato, deviam estar deitados lá, imóveis e inconscientes, quando as Marias chegaram.

O anjo disse às Marias: "Não temais! Sei que estais procurando Jesus, o crucificado. Ele não está aqui, pois ressuscitou, conforme havia sido dito. Vinde ver o lugar onde ele jazia, e, depressa, ide dizer aos seus discípulos: 'Ele ressuscitou de entre os mortos, e eis que vos precede na Galileia; é lá que o vereis.' Vede bem, eu vo-lo disse!" (28:1-8) Marcos confirma esse relato, mas diz que Salomé estava com as duas Marias, e que o anjo, descrito como "um jovem (...) vestido com uma túnica branca" (16:5) falou a elas como no relato de Mateus, dizendo que Jesus fora antecipadamente à Galileia e que deviam contar a Pedro. Marcos também confirma a informação de João de que Jesus apareceu primeiro a Maria Madalena, mas que os apóstolos se recusaram a acreditar nela (16:9-11).

E a manhã de domingo passou. À tarde, dois discípulos, um chamado Cléofas, estavam caminhando para Emaús, a duas horas de distância de Jerusalém. Já tinham conhecimento dos acontecimentos da manhã, mas quando "Jesus aproximou-se", não o reconheceram. O relato do encontro está apenas em Lucas, e ele pode tê-lo ouvido da mãe de Jesus, pois tem seu toque poético. Os três homens caminharam juntos, e Jesus levou os discípulos a contar a ele sobre os acontecimentos recentes — o julgamento e a crucificação. Também contaram que o corpo de Jesus desaparecera do túmulo. Jesus destacou que todos esses acontecimentos haviam sido profetizados, "interpretou-lhes em todas as Escrituras o que a ele dizia respeito". Continuaram sem reconhecê-lo. Chegaram a Emaús, e ele "simulou que ia mais adiante. Eles, porém, insistiram, dizendo: 'Permanece conosco, pois cai a tarde e o dia já declina'". Então Jesus permaneceu com eles, e jantaram. Ele "tomou o pão, abençoou-o, depois partiu-o e deu-o a eles". De repente, reconhecendo aqueles gestos familiares, eles se deram conta de quem era. Diz Lucas: "Então seus olhos se abriram e o reconheceram; ele, porém, ficou invisível diante deles." (24:13-31) Os dois discípulos retornaram imediatamente a Jerusalém, e "acharam aí reunidos os Onze e seus companheiros". Contaram sua história e como haviam reconhecido Jesus quando partiu o pão. Então, conta Lucas, "falavam ainda, quando ele próprio se apresentou no meio deles e disse: 'A paz esteja convosco!'". Lucas diz que eles ficaram "tomados de espanto e temor", imaginando "ver um espírito". Mas ele mostrou que seu corpo era real e sólido: "Vede minhas mãos e meus pés: sou eu! Apalpai-me e entendei que um espírito não tem carne, nem ossos, como estais vendo que eu tenho." Então mostrou-lhes os furos de pregos nas mãos e pés. Disse que também tinha fome, e "apresentaram-lhe um pedaço de peixe assado. Tomou-o então, e comeu-o diante deles" (24:33-43).

João acrescenta uma nota de rodapé ao episódio, um daqueles detalhes que transmitem tanta realidade nos Evangelhos. O apóstolo Tomé não estava presente quando os outros viram Jesus comer o peixe. Ele se recusou a acreditar no que haviam contado, dizendo: "Se eu não vir em suas mãos o lugar dos cravos e se não puser meu dedo no lugar dos cravos e minha mão no seu lado, não crerei." João diz que oito dias depois, quando os discípulos, dessa vez incluindo Tomé, estavam em uma sala, Jesus apareceu, atravessando a porta fechada. Ele "pôs-se no meio deles e disse: 'A paz esteja convosco!' Disse depois a Tomé: 'Põe teu dedo aqui e vê minhas mãos! Estende tua mão e põe-na no meu lado e não sejas incrédulo, mas crê!'" Tomé respondeu: "Meu senhor e meu Deus!" Continuou Jesus: "Porque viste, creste. Felizes os que não viram e creram!" (20:24-29)

João registra outra aparição, junto ao mar da Galileia, para Pedro, Tomé, Natanael, os filhos de Zebedeu, e dois outros discípulos. Eles haviam pescado a noite inteira sem apanhar nada. Quando o dia nasceu, viram Jesus na margem e não o reconheceram. Ele disse: "Jovens, acaso tendes algum peixe?" Eles responderam: "Não." Retrucou: "Lançai a rede à direita do barco e achareis." Eles o fizeram, e acharam 153 peixes. João disse a Pedro: "É o Senhor." Jesus acendeu carvão e colocou por cima pão. Ele os convidou: "Vinde comer!" Ele dividiu o pão e o deu a eles, e fez "o mesmo com o peixe". Essa, disse João, foi "a terceira vez que Jesus se manifestou aos discípulos" (21:1-14).

Lucas diz que o último ato de Jesus foi liderar seus discípulos para fora de Betânia; depois deu a ele suas bênçãos e foi "elevado ao céu" (24:50-51). Marcos oferece sua ordem final:

"Ide por todo o mundo, proclamai o Evangelho a toda criatura" (16:15). Mateus acrescenta um detalhe: diz que Jesus disse aos 11 apóstolos para encontrá-lo em uma montanha na Galileia. Quando estavam reunidos, falou: "Todo poder foi-me dado no céu e sobre a terra. Ide, portanto, e fazei que todas as nações se tornem discípulos, batizando-as em nome do Pai, do Filho e do Espírito Santo." Essa foi a primeira vez em que a doutrina da Trindade foi claramente enunciada. Disse que seus ensinamentos deviam incluir tudo o que ele "ordenara" a eles. Suas últimas palavras a eles antes de ascender aos céus foram: "E eis que eu estou convosco todos os dias, até a consumação dos séculos!" (28:16-20)

Assim chegamos ao fim da vida de Jesus na terra. Eu acompanhei fielmente o texto dos quatro Evangelhos. Eles são baseados principalmente nas lembranças da mãe de Jesus, Maria; no testemunho de Pedro, que Jesus sempre tratou como o líder dos apóstolos e em quem confiou muito; nas lembranças individuais dos apóstolos e em sua memória coletiva, base de seu ensinamento depois que Jesus os deixou; e, finalmente, no relato feito por João, testemunha de muitos dos acontecimentos do ministério de Jesus. Ele foi o único dos apóstolos a não ser martirizado, e na velhice colocou no papel suas lembranças de Jesus.

Há outra fonte importante: são Paulo. Ele nasceu Saulo, em Tarso, uma grande cidade da Cilícia, no sudeste da Ásia Menor. O ano mais provável de seu nascimento é 9 d.C., portanto era aproximadamente 12 anos mais novo que Jesus. Nasceu cidadão romano, de família helenizada, e provavelmente falava grego e latim de modo fluente. Mas era um judeu circuncidado que sabia hebraico e provavelmente aramaico, língua natal de Jesus. Era bem-educado, estudou com o famoso erudito judeu Gamaliel, o Velho, por volta do ano 20 e se destacou entre os judeus ortodoxos que perseguiram os seguidores de Jesus pouco após sua ascensão ao céu. Segundo os Atos dos Apóstolos, um antigo texto cristão compilado pelo mesmo médico grego responsável pela versão escrita do Evangelho de Lucas, Paulo era um jovem presente no momento em que Estevão, o primeiro mártir cristão, foi apedrejado até a morte cerca de um ano após a ascensão de Jesus. Ele continuou a participar da perseguição dos cristãos até um acontecimento milagroso na entrada de Damasco convertê-lo. Depois disso se encontrou com todos os amigos vivos de Jesus, os questionou sobre a vida, os ensinamentos e os ditos de Jesus, e viajou bastante com Barnabé. Paulo se dedicou a aprender tudo o que pudesse sobre Jesus e depois transmitir isso de forma sistemática para os gentios de idioma grego fora da Palestina. Ele ensinou em público, mas também escreveu cartas de instrução para as primeiras comunidades cristãs em Corinto, Roma e outros locais, e algumas delas sobreviveram: os primeiros documentos cristãos.

Há dois pontos em que a prova escrita de Paulo é importante. Primeiramente, ele faz um relato da Ressurreição de Jesus que é o primeiro preservado em forma escrita. Paulo diz que Jesus foi visto primeiro por Pedro, depois pelos outros apóstolos. Então "apareceu a mais de quinhentos irmãos de uma vez, a maioria dos quais ainda vive, enquanto alguns adormeceram". A seguir, diz Paulo, Jesus foi visto por Tiago, depois por todos os apóstolos reunidos: "Em último lugar, apareceu também a mim como a um abortivo." (1 Cor 15:3-8) O testemunho de Paulo é impressionante porque suas outras referências a Jesus e às suas qualidades e seu comportamento característicos — sua personalidade — coincidem impressionantemente bem com o personagem apresentado nos quatro Evangelhos, embora Paulo não possa ter visto nenhum deles em forma escrita. Ademais, ele faz uma descrição precisa da instituição por Jesus do sacramento da Comunhão na Última Ceia, que merece ser citada: "O Senhor Jesus tomou o pão e, depois de dar graças, partiu-o e disse:

'Isso é o meu corpo, que é para vós; fazei isso em memória de mim.' Do mesmo modo, após a ceia, também tomou o cálice, dizendo: 'Este cálice é a nova Aliança em meu sangue; todas as vezes que dele beberdes, fazei-o em memória de mim.'" (1 Cor 11:23-25)

O último documento comprobatório são os Atos dos Apóstolos, compilados por Lucas (que esteve muito em companhia de Paulo). Ao encarregar seus discípulos de levar sua mensagem a todos os povos da terra, Jesus dissera que enviaria o Espírito Santo para ajudar, consolar e inspirá-los, física e espiritualmente. A promessa foi cumprida mais tarde, na primavera do mesmo ano, na festa judaica de Pentecostes. É descrita no capítulo dois dos Atos. A festa era um acontecimento que levava a Jerusalém peregrinos de todo o Império Romano e além. Eram, diz Lucas, "partos, medos e elamitas; habitantes da Mesopotâmia, da Judeia e da Capadócia, do Ponto e da Ásia, da Frígia e da Panfília, do Egito e das regiões da Líbia próximas de Cirene, romanos que aqui residem; tanto judeus como prosélitos, cretenses e árabes (...)".

Os discípulos de Jesus "estavam todos reunidos no mesmo lugar", informa o relato, esperando fazer convertidos. Mas em qual idioma deviam falar? Poucos dos visitantes sabiam aramaico ou falavam hebraico. Poucos dos discípulos sabiam falar grego ou latim. "De repente, veio do céu um ruído como o agitar-se de um vendaval impetuoso, que encheu toda a casa onde se encontravam. Apareceram-lhes, então, línguas como de fogo, que se repartiam e que pousaram sobre cada um deles. E todos ficaram repletos do Espírito Santo."

Quando os discípulos saíram para encontrar as multidões de judeus de todas as nações que circulavam, descobriram que a dificuldade de linguagem desaparecera. Os discípulos "começaram a falar em outras línguas, conforme o Espírito lhes concedia se exprimirem". Cada vez mais pessoas foram escutar, e a notícia se espalhou — e "cada qual os ouvia falar em seu próprio idioma". Alguns debocharam, dizendo: "Estão cheios de vinho doce!" Mas Pedro "levantou a voz" e disse: "Estes homens não estão embriagados, como pensais, pois esta é apenas a terceira hora do dia." Pedro, que normalmente não era um homem de poesia, teve a inspiração de falar com um forte ritmo que aqui apresento em verso:

Sucederá nos últimos dias, diz Deus,
que derramarei do meu Espírito sobre toda carne.
Vossos filhos e vossas filhas profetizarão,
vossos jovens terão visões
e vossos velhos sonharão.
Sim, sobre meus servos e minhas servas
derramarei do meu espírito.
E farei aparecer prodígios em cima, no céu,
e sinais embaixo, sobre a terra.
O sol se mudará em escuridão e a lua em sangue. (...)
Homens de Israel, ouvi estas palavras!
Jesus, o Nazareu, foi por Deus aprovado
diante de vós com milagres, prodígios e sinais,
que Deus operou por meio dele entre vós, como sabeis.
Este homem, entregue segundo o desígnio determinado
e a presciência de Deus,
vós o matastes, crucificando-o pelas mãos dos ímpios.
Mas Deus o ressuscitou, libertando-o das angústias do Hades,
pois não era possível que ele fosse retido em seu poder.
(2:17-24)

Este grande hino pentecostal, ouvido em diferentes idiomas, teve efeito. Eles "sentiram o coração trespassado" e perguntaram: "Irmãos, que devemos fazer?" Pedro respondeu: "Arrependei-vos, e cada um de vós seja batizado em nome de Jesus

Cristo." Eles então fizeram o primeiro batismo em massa, "cerca de três mil pessoas", e a Igreja cristã nasceu.

TENTEI CONTAR A HISTÓRIA DE JESUS de Nazaré, sua vida, morte, Ressurreição e ascensão ao céu, da forma mais simples e factual possível. Usei basicamente os quatro relatos dos Evangelhos que ganharam forma escrita não muito depois dos acontecimentos que descrevem e que são fundamentalmente as memórias das testemunhas oculares. Em meu trabalho adotei exclusivamente a tradução autorizada para o inglês feita no começo do século XVII, conhecida como Versão do Rei Jaime, porque combina, melhor que qualquer outra, um alto grau de precisão literal com elementos verbais arcaicos que nos lembram que estamos lidando com acontecimentos de dois milênios atrás. Também é uma obra de arte.

Isso é importante porque os Evangelhos são documentos literários, além de históricos e espirituais. Breves, claros, diretos e objetivos, são, combinados, uma das melhores obras da Antiguidade que chegaram a nós. Isso porque são biografias curtas, que se reforçam e corrigem mutuamente, de um homem que era ele mesmo um poeta e usou as palavras com um impressionante dom para seu significado, ressonância e prazer. Em suas imagens e metáforas, no modo como contou suas histórias e parábolas, em sua constante invenção de novas formas de dizer as coisas, ele foi não apenas um professor soberbo, mas um grande artista. Também incluiu as pessoas em seu discurso e as escutou, fazendo perguntas a elas e comentando suas respostas. Uma grande parcela dos Evangelhos é discurso literal, muitas vezes diálogos. É vívido: pode ser ouvido. Essa é uma das razões pelas quais tanto de sua fraseologia penetrou no uso comum e nas referências literárias em todos os idiomas do mundo. No começo do século XXI ainda utilizamos a linguagem de Jesus e seus contemporâneos — falada em aramaico, depois traduzida para o grego — com a mesma frequência de sempre, porque se tornou parte, e muito estimada, da nossa própria. Ouvimos Jesus, quase como se estivéssemos sentados a seus pés, no monte. É parte do milagre contínuo da comunicação global que começou na festa de Pentecostes.

Os Evangelhos são concebidos para serem lidos e relidos. Quanto mais fazemos isso, maior nosso prazer com eles, mais profunda nossa compreensão e mais captamos seu realismo. São a verdade. Eles nos contam o que de fato aconteceu. Os personagens são reais. Os detalhes são estranhamente, algumas vezes misteriosamente, convincentes. À medida que lemos, os muitos séculos de distância aos poucos desaparecem, e nos acostumamos com um mundo nem tão distinto do nosso. A Palestina do século I d.C. era uma terra superpovoada (assim como nossa Terra o é) com uma população multirracial e multirreligiosa. As pessoas se consideravam civilizadas, com antigas tradições de Direito, vida espiritual e governo. Mas sua tranquilidade era a todo momento perturbada por acontecimentos bárbaros e atos de selvageria. Havia uma sensação de catástrofe iminente. Visões enlouquecidas de um futuro terrível eram discutidas. Havia profetas de apocalipses e utopias.

O governo, tanto espiritual quanto secular, era supostamente uma bênção, sendo baseado, por um lado, na Lei Mosaica e, por outro, no Direito Romano. Havia códigos, precedentes, tribunais, pergaminhos — e muitos advogados. Na prática, era corrupto, falso, altamente ineficiente e eventualmente cruel. Não produzia tanto justiça quanto caprichos. Era comandado por homens claramente inadequados, e algumas vezes monstros. Herodes, o Grande, era um homem mau que assassinou crianças inocentes para proteger seu trono. Antipas, filho de Herodes, era um hedonista dissipador, não muito diferente dos príncipes árabes de hoje, mas também um homem que fundiu suas frivolidades com um assassinato ocasional. Caifás, o sumo sacerdote, era um homem mau como Herodes, tendo ainda uma dimensão de hipocrisia, vaidade espiritual e uma malícia peculiar contra homens bons. Pôncio Pilatos foi um arquétipo da fraqueza com a qual estamos acostumados em nosso próprio mundo político, no dia a dia: um simulacro de defesa da verdade e da justiça e da consideração para com a opinião pública, combinado com indecisão, covardia e uma tendência final a se curvar a grupos de pressão, mesmo sabendo que estão errados. Todos os aspectos do mau governo que experimentamos hoje têm correspondência na Palestina do século I, incluindo a letárgica mediocridade, que é sua característica habitual.

Abaixo dos governantes havia os mundos díspares dos ricos e dos pobres: homens se banqueteavam despreocupadamente enquanto a maioria passava dificuldades e alguns, fome. Os Evangelhos pintam esse quadro em tons fortes. Havia muita caridade, institucional e pessoal; muito dela era ineficaz e desesperançada: "Sempre tereis pobres convosco." Aleijados estavam por toda parte. Os despossuídos esmolavam. Homens devotos ocupavam altos postos na sinagoga ou pregavam em voz alta nas ruas. Os Evangelhos contam tudo isso. Mostram a atividade dos bons em meio à indiferença geral: homens endurecidos como Pedro que estavam dispostos a abandonar seus empregos para trabalhar sem remuneração, apenas por subsistência, pela causa comum. E havia as mulheres — a Virgem Maria, Maria Madalena, Marta, Suzana, Joana e muitas outras —, que eram decentes e generosas, como a viúva e suas moedas, ou confiantes e sofredoras, como a velha com "um fluxo de sangue". A maioria delas era pobre, algumas ricas; de outras, como a esposa de Pilatos, supersticiosas e ansiando por ajuda espiritual, só ouvimos nos bastidores. Encontramos mulheres em todos os capítulos dos Evangelhos, quase em todas as páginas: o pulso da emoção humana, o canal do amor. Sua presença compensa a crueldade, o desprezo, a insensibilidade e a dureza que encontramos em quase todas as páginas.

Em meio a toda essa humanidade agitada está a figura amistosa de Jesus: sempre lá, ensinando, escutando, algumas vezes apenas conversando junto a um poço, jantando ou ceando com pessoas de todos os tipos. Eventualmente foi duro. Uma ou duas vezes demonstrou raiva justa. Mas normalmente falava macio e era agradável; imagens de campos e pomares, ou da vida animal, estavam sempre em seus lábios. Era um personagem fascinante, irresistível, irradiando amor, benevolente, perdoando, sempre falando em misericórdia, com frequência sorrindo. Ainda assim era um homem sério, que falava com autoridade; um homem a respeitar, obedecer, seguir; um homem que parecia, e talvez às vezes de fato o fizesse, emanar luz — uma de suas palavras preferidas — e afastar o lado escuro da vida. Era claramente um homem que, a despeito de sua resignação, questionou a autoridade oficial, principalmente a daqueles que lidavam com questões espirituais. Então eles o vigiaram. Sempre havia em seus calcanhares agentes, espiões, informantes e provocadores, decorando suas palavras para que elas pudessem ser distorcidas no tribunal. Um homem que era raro ficar só. Mas quando solitário, rezava, ajoelhado. Rezava com frequência, mesmo na cruz: "Pai, perdoa-lhes: não sabem o que fazem."

Jesus viveu em um mundo cruel e irracional, e sua vida e morte foi um protesto eloquente contra ele. Ofereceu uma alternativa: não uma vida exterior de revolução e reforma, mas uma vida interna de humildade e amor, de generosidade e misericórdia, de perdão e esperança. Também vivemos em um mundo cruel, igualmente irracional embora repleto de conhecimento, universidades, comunicações, especializações. Então a alternativa de Jesus ainda é relevante: "Eu sou o Caminho, a Verdade e a Vida." Se Jesus reaparecesse hoje, podemos estar certos de que ele encontraria incontáveis seguidores, mas igualmente seria perseguido e morto. O cristianismo que ele legou não foi testado e fracassou. Como escreveu certa vez G.K. Chesterton, foi considerado difícil e não foi testado. Mas permanece à nossa disposição. Sua mensagem, da forma mais simples, é: faça o que Jesus fez. Por isso sua biografia, em nosso terrível século XXI, é tão importante. Temos de estudá-la, e aprender.

Outras leituras

Sobre o Jesus histórico os dois livros mais valiosos são de E.P. Sanders, *The Historical Figure of Jesus* (Londres, 1994), e Robert Geis, *The Christ from Death Arisen* (Lanham, Maryland, 2008). Para os Evangelhos, ver Andrew Lincoln, *The Gospel According to St. John* (Londres, 2005); Ulrich Luz, *Matthew*, 3 vols. (Mineápolis, 1989-2005); John Nolland, *The Gospel of Matthew* (Grand Rapids, 2005); Joel B. Green, *The Gospel of Luke* (Grand Rapids, 1997); Joel Marcus, *Mark 1-8* e *Mark 8-16* (Nova York, 1999); e John R. Donahue e Daniel J. Harrington, *The Gospel of Mark* (Collegeville, Min., 2002). Entre bons livros recentes estão Richard Bauckham, *Jesus and the Eyewitnesses: The Gospels as Eyewitness Testimony* (Grand Rapids, 2006); Gerald O'Collins, *Jesus: A Portrait* (Londres, 2008), e papa Bento XVI, *Jesus de Nazaré* (Planeta do Brasil, 2007). Como apoio usei Walter A. Elwell, org., *Encyclopaedia of the Bible*, em dois volumes (Londres, 1988), e James Hastings et al., *A Dictionary of Christ and the Gospels*, também em dois volumes (Edimburgo, 1906), que, embora antigo, é bem completo e útil.

Índice remissivo

D

J

L

M

T

U

V

Z

Direção editorial
Daniele Cajueiro

Editora responsável
Ana Carla Sousa

Produção editorial
Adriana Torres
Laiane Flores
Juliana Borel

Revisão de tradução
Gabriel Machado

Revisão
Perla Serafim
Daniel Dargains

Indexação
Guilherme Bernardo

Diagramação
Filigrana

Este livro foi impresso em 2024, pela Vozes, para a Petra.
O papel do miolo é pólen 70g/m² e o da capa é cartão 250g/m².